교과 주제로 시작하는

초등 [illegible]가 독서논술

교과 주제로 시작하는

초등 메가 독서 논술 A1

개정증보판 1쇄	2024년 7월 30일
펴낸곳	메가스터디(주)
펴낸이	손은진
개발 책임	김문주
개발	양수진, 최란경, 최성아, 조지현
기획·집필	김영란, 박선희, 엄은경, 이정희, 조승현
그림	김미선, 박선호, 박수정, 이수애
표지 디자인	수박나무, 네모점빵
본문 디자인	수박나무, 네모점빵, 배다은
마케팅	엄재욱, 김상민
제작	이성재, 장병미
주소	서울시 서초구 효령로 304(서초동) 국제전자센터 24층
대표전화	1661-5431 (내용 문의 02-6984-6930 / 구입 문의 02-6984-6868, 9)
홈페이지	http://www.megastudybooks.com
출판사 신고 번호	제 2015-000159호
출간제안/원고투고	메가스터디북스 홈페이지 〈투고 문의〉에 등록

• 발간 이후 발견되는 오류 사항은 '홈페이지 > 자료실 > 정오표'를 통해 알려 드립니다.

일러두기

• 맞춤법과 띄어쓰기는 국립국어원에서 펴낸 《표준국어대사전》을 기준으로 삼되, 초등학교 교과서의 표기를 참고했습니다.
• 외국의 인명과 지명은 국립국어원에서 펴낸 《외래어 표기법》을 따랐습니다.
• 본 저작물은 공공누리 제1유형에 따라 공공 저작물을 이용하였습니다.

메가스터디BOOKS

'메가스터디북스'는 메가스터디(주)의 교육, 학습 전문 출판 브랜드입니다.
초중고 참고서는 물론, 어린이/청소년 교양서, 성인 학습서까지 다양한 도서를 출간하고 있습니다.

• **제품명** 초등 메가 독서 논술 A1
• **제조자명** 메가스터디(주) • **제조년월** 판권에 별도 표기 • **제조국명** 대한민국 • **사용연령** 3세 이상
• **주소 및 전화번호** 서울시 서초구 효령로 304(서초동) 국제전자센터 24층 / 1661-5431

이 책의 특징

〈초등 메가 독서 논술〉은 2022 개정 교과 주제와 연계된 다양한 갈래 글을 읽고 쓰면서
통합적 사고력을 키우는 초등 독서 논술 프로그램입니다.

독서와 논술

(책 읽기) (글로 표현하기)

- 2022 개정 교과 주제 연계 독서
- 갈래 글의 특징에 맞는 독해 활동
- 생각을 글로 표현하는 논술 활동

국어 공부

(어휘+문법+글쓰기)

- 교과 어휘와 필수 어휘 공부
- 국어 학습의 바탕이 되는 문법 공부
- 다양한 갈래 글 완성하기

1 2022 개정 교과 주제 연계 초등 독서 논술

- 초등 1~4학년 교과 주제와 연계된 글을 읽습니다.
- 독서를 통해 교과 내용과 관련된 배경지식과 어휘를 자연스럽게 공부함으로써 학습 능력이 높아집니다.
- 하나의 교과 주제로 연결된 읽기 전·중·후 활동으로 통합적 사고력을 키웁니다.

2 갈래 글 읽기부터 사고력 글쓰기까지

- 읽기 역량에 맞는 문학과 비문학의 여러 갈래 글을 꼼꼼하게 읽으며 독해력을 키웁니다.
- 읽은 글을 바탕으로 자신의 생각을 정리하며 사고력을 키웁니다.
- 자신의 생각을 문장으로 표현하고, 글을 완성하며 논술력을 키웁니다.

3 어휘, 문법, 글쓰기까지 한 번에 국어 공부 완성

- 독서 논술로 공부한 내용을 반복, 확장하여 국어 공부에 바탕이 되는 어휘를 익힙니다.
- 글과 문장 구조를 바르게 알기 위해 문법의 기초를 공부합니다.
- 갈래 글 쓰는 방법을 단계에 따라 차근차근 연습합니다.

전체 커리큘럼

〈초등 메가 독서 논술〉은 예비 초등부터 초등 4학년까지 총 3단계, 12권으로 구성되어 있습니다.
2022 개정 교육과정을 반영한 교과 주제를 중심으로, 아이들의 읽기 역량을 고려하여
단계별로 다양한 갈래 글을 선정하고 난이도를 감안한 서술형・논술형 쓰기 활동을 제시하여
종합적인 국어 능력을 향상시킵니다.

A단계

	주제	주차	주차 제목	갈래	교과 단원
A1	학교와 친구	1	학교에서 무슨 일이 생길까?	동화	1-1 <학교> 두근두근, 학교가 궁금해요
		2	친구가 생겼어!	옛이야기	1-1 <학교> 어깨동무 내 동무 1-1 <학교> 짝꿍이 생겼어요
		3	모두를 위한 안전 수칙	기사	1-1 <학교> 안전을 확인해요 1-1 <학교> 안전하게 건너요
		4	한 뼘 자란 나를 만나요	편지 / 생활문	1-2 <하루> 내가 보낸 하루
		[글쓰기 비법] • **어휘** 비슷한말 / 학교와 관련된 낱말 • **문법** '무엇을'이 들어 있는 문장 • **글쓰기** 일기			
A2	사계절의 모습	1	봄을 맞는 기쁨	동시	2-2 <계절> 사계절 친구들
		2	즐거운 여름 방학	동화	2-2 <계절> 내가 좋아하는 계절
		3	가을 풍경	동화	2-2 <계절> 잠자리 꽁꽁
		4	따뜻하게 겨울나기	설명문	2-2 <계절> 새로운 계절을 준비해요
		[글쓰기 비법] • **어휘** 재미있는 말 / 계절과 관련된 낱말 • **문법** '되다, 아니다'가 들어 있는 문장 • **글쓰기** 동시			
A3	이웃과 직업	1	지키면 행복해요!	논설문	1-2 <이야기> 서로서로 지켜요
		2	다르면 좀 어때요?	동화	2-1 <세계> 가고 싶은 나라 2-1 <세계> 서로 존중해요
		3	뭐든 될 수 있어!	동화	2-1 <마을> 마을 사람들을 만나요 2-1 <마을> 직업을 체험해요
		4	만들고 사고 쓰고	설명문	2-2 <물건> 종이로 놀아요 2-2 <물건> 자세하게 알고 싶어요
		[글쓰기 비법] • **어휘** 반대말 / 직업과 관련된 낱말 • **문법** 꾸며 주는 말이 들어 있는 문장 • **글쓰기** 편지			
A4	자랑스러운 우리나라	1	우리나라가 궁금해	설명문	1-1 <우리나라> 태극기가 펄럭 1-1 <우리나라> 무궁화가 활짝
		2	옛날에는 어떻게 놀았을까?	설명문	2-2 <인물> 전통을 이어 가려면
		3	세종대왕과 이순신	전기문	2-2 <인물> 위인을 찾아서 2-2 <인물> 세종대왕과 한글
		4	멀지만 가까운 북한	보고서	1-2 <이야기> 평화를 위한 약속
		[글쓰기 비법] • **어휘** 소리는 같지만 뜻이 다른 낱말 / 우리나라와 관련된 낱말 • **문법** 문장 부호의 뜻과 쓰임 • **글쓰기** 독서 감상문			

P단계 · B단계

	주제	주차	주차 제목	갈래	교과 단원
P1	나와 가족	1	**소중한 나, 멋진 나**	옛이야기	2-1 <나> 나는 누굴까 2-1 <나> 멋진 나
		2	**우리 가족이 좋아**	동시	1-1 <사람들> 우리 가족
		3	**여러 집을 구경해요**	설명문	2-1 <세계> 다른 나라 집 구경 2-1 <세계> 뚝딱뚝딱 다른 나라 집
		4	**[똑똑한 글쓰기]** • **어휘** 가족이나 집과 관련된 낱말 / 모양이나 색깔을 나타내는 낱말 • **문법** '무엇이 무엇이다'의 짜임으로 된 문장 • **글쓰기** 자기소개 글		
P2	건강과 안전	1	**깨끗한 내가 되어요**	동화	2-1 <나> 깨끗한 몸, 건강한 나
		2	**건강하게 먹어요**	동화	2-1 <나> 바르게 알고 먹어요
		3	**나를 지켜요**	설명문	2-1 <나> 내 몸을 스스로 지켜요
		4	**[똑똑한 글쓰기]** • **어휘** 건강이나 안전과 관련된 낱말 / 맛과 냄새를 나타내는 낱말 • **문법** '무엇이 어찌하다'의 짜임으로 된 문장 • **글쓰기** 축하 카드		
P3	편리한 생활	1	**무엇을 타고 갈까?**	동화	2-1 <마을> 무엇을 타고 갈까
		2	**컴퓨터를 바르게 써요**	동화	2-2 <물건> 컴퓨터를 잘 다루고 싶어요
		3	**주변에 어떤 도구가 있을까?**	설명문	2-2 <물건> 비가 오는데 우산이 없어요 2-2 <물건> 어떤 발명품이 있을까요
		4	**[똑똑한 글쓰기]** • **어휘** 탈것이나 도구와 관련된 낱말 / 촉감을 나타내는 낱말 • **문법** '무엇이 어떠하다'의 짜임으로 된 문장 • **글쓰기** 초대장		
P4	동물과 자연환경	1	**동물과 함께하면 행복해요**	옛이야기	2-1 <자연> 땅 위 친구들 2-1 <자연> 함께하면 행복해
		2	**사라지는 동물을 지켜요**	설명문	1-2 <이야기> 동물들이 사라져요
		3	**자연 속 친구들과 함께해요**	편지	1-2 <약속> 수도꼭지를 잠그면 1-2 <약속> 지구가 뜨끈뜨끈 2-1 <자연> 땅속이 꿈틀꿈틀
		4	**[똑똑한 글쓰기]** • **어휘** 동물이나 자연환경과 관련된 낱말 / 움직임을 나타내는 낱말 • **문법** '어떻게 어찌하다'의 짜임으로 된 문장 • **글쓰기** 안내하는 글		
B1	우리 고장의 생활	1	**지도에서 찾아요**	설명문	3-1 <사회> 우리가 사는 곳 4-1 <사회> 지도로 만나는 우리 지역
		2	**우리 고장으로 놀러 와요**	동화	4-2 <사회> 지역문제를 해결하고 지역을 알리는 노력
		3	**우리 고장의 소식**	기사 / 설명문	3-2 <사회> 옛날과 오늘날의 생활 모습
		4	**살고 싶은 도시 이야기**	설명문	4-2 <사회> 다양한 환경과 삶의 모습
		[글쓰기 비법] • **어휘** 높임말 / 지도와 관련된 낱말 • **문법** 이어 주는 말이 들어 있는 문장 / 글자와 소리가 다른 말 • **글쓰기** 문단 / 설명문			
B2	동물과 식물의 세계	1	**동물과 식물의 생활**	설명문	3-1 <과학> 동물의 생활 / 식물의 생활
		2	**동물의 한살이**	관찰 기록문	3-1 <과학> 생물의 한살이
		3	**신기한 식물 이야기**	동화	3-1 <과학> 식물의 생활
		4	**곰과 호랑이 이야기**	신화	5-2 <사회> 선사 시대와 고조선의 생활
		[글쓰기 비법] • **어휘** 준말과 본말 / 식물과 관련된 낱말 • **문법** 문장의 종류 / 글자와 소리가 다른 말 • **글쓰기** 논설문			
B3	함께하는 민주적 공동체	1	**더불어 사는 이웃**	동화	3-2 <사회> 사회 변화와 우리 생활
		2	**공중도덕을 지켜요**	설명문	4-1 <도덕> 사회·공동체와의 관계
		3	**선거와 민주주의**	연설문	4-1 <사회> 민주주의와 자치
		4	**있는 그대로 바라보아요**	논설문	4-1 <사회> 사회 변화와 우리 생활
		[글쓰기 비법] • **어휘** 뜻이 여럿인 낱말 / 민주주의와 관련된 낱말 • **문법** 낱말의 짜임 / 글자와 소리가 다른 말 • **글쓰기** 부탁하는 글			
B4	변화하는 지구	1	**세상은 어떻게 생겨났을까?**	신화	4-2 <과학> 밤하늘 관찰
		2	**강의 여러 가지 모습**	보고서	4-1 <과학> 땅의 변화
		3	**우르릉 쾅쾅, 지진과 화산**	설명문	4-1 <과학> 땅의 변화
		4	**생명을 존중해요!**	전기문	4-2 <과학> 생물과 환경
		[글쓰기 비법] • **어휘** 고유어, 한자어, 외래어 / 지구와 관련된 낱말 • **문법** 낱말의 종류 / 글자와 소리가 다른 말 • **글쓰기** 관찰 기록문			

이 책의 구성

독서 논술

읽기 전▸주제 읽기▸읽은 후
3단계 5일 학습

읽기 전

글을 읽기 전에 자신이 알고 있는 것을 떠올리며 독서를 준비하는 단계입니다.

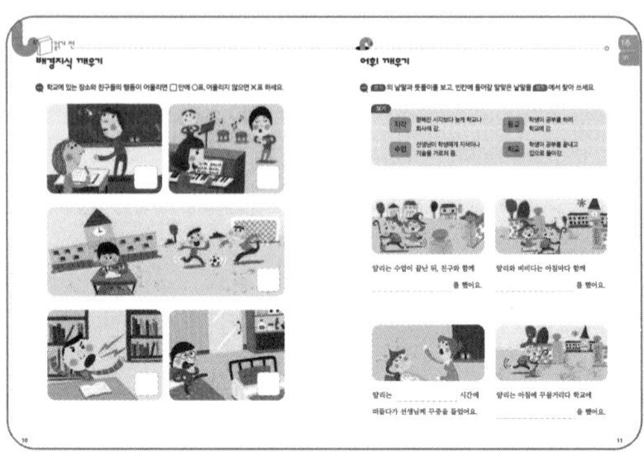

- **생각 깨우기** 글과 관련된 질문과 그림을 보며 글을 읽기 전 생각을 깨웁니다.
- **배경지식 깨우기** 글의 갈래, 교과 주제, 제목 등과 관련된 배경지식을 알아봅니다.
- **어휘 깨우기** 글과 밀접한 제재, 주제, 개념뿐만 아니라 중요 어휘를 알아봅니다.

주제 읽기

**글의 흐름과 내용을 파악하며 글을 읽습니다.
이때 글의 중심 내용을 생각하며 읽으면 좋습니다.**

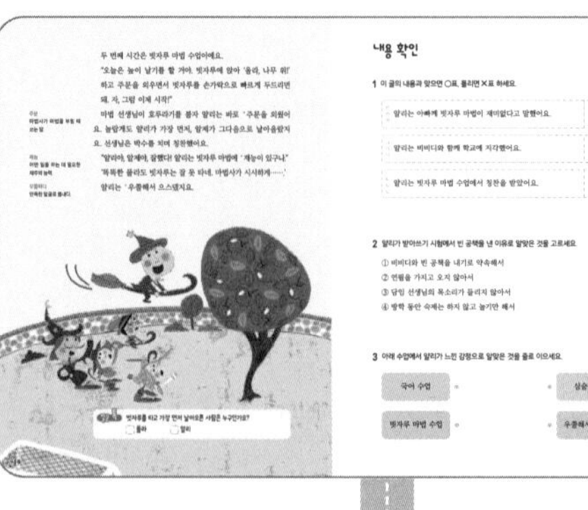

- **질문 톡** 글 아래에 있는 질문에 답하며 글자가 아니라 글의 내용을 읽는 습관을 기릅니다.
- **내용 확인** 간단한 독해 문제로 글을 꼼꼼하게 읽었는지 확인합니다.

글을 다 읽은 뒤 여러 활동을 통해 내용을 정확히 이해하고, 자신의 생각을 정리합니다.

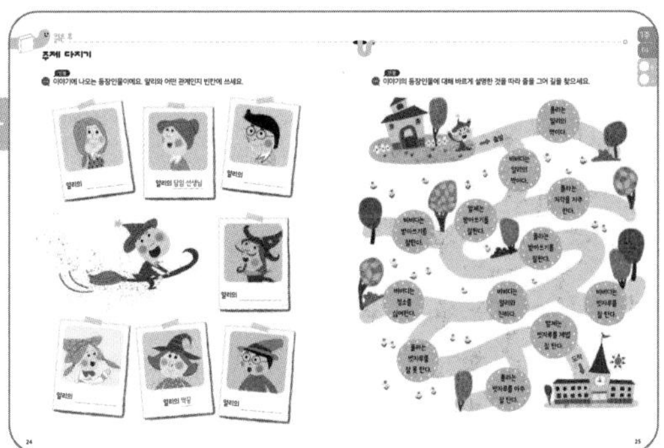

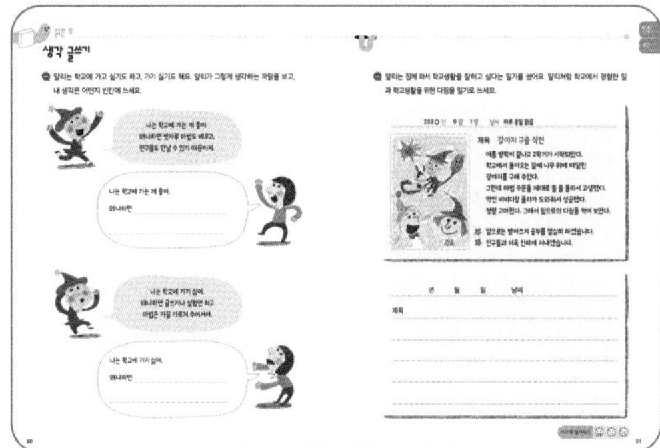

- **주제 다지기** 글을 사실적으로 이해하는 독해 활동을 합니다.
- **생각 글쓰기** 읽은 글을 바탕으로 자신의 생각을 창의적으로 표현합니다.

어휘

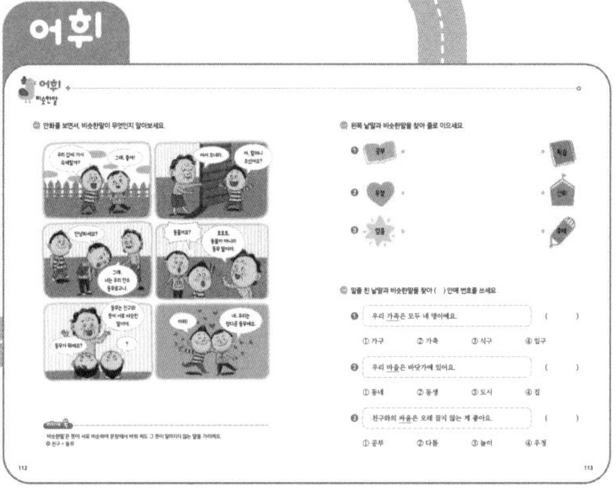

글의 주제 및 제재와 관련된 어휘와 함께 초등학교 필수 어휘까지 확장하여 배웁니다.

문법

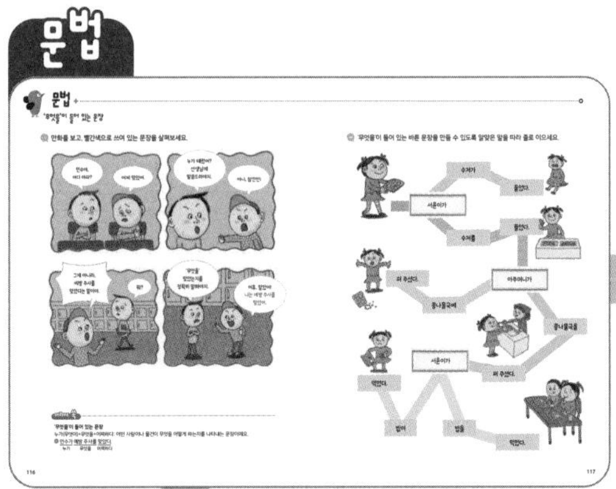

학교에서 배우는 기초 문법 요소를 글에 나오는 문장을 활용하여 배웁니다.

글쓰기

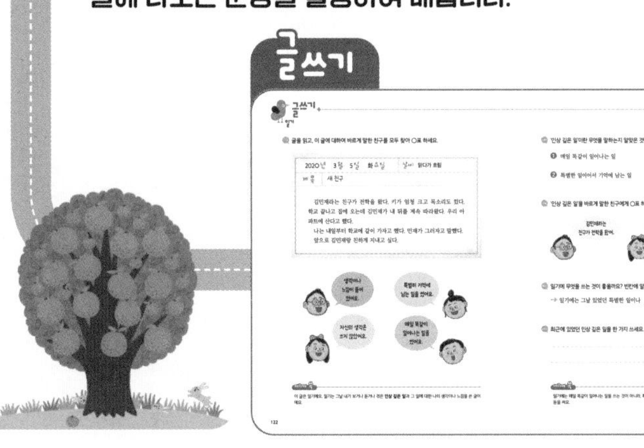

하나의 갈래 글을 쓰는 데 필요한 요소를 짚어 가며 글 쓰는 연습을 합니다.

1주

갈래 동화

제목 • 얄리야, 학교 가자!

학교에서 무슨 일이 생길까?

교과 연계 1-1 <학교> 두근두근, 학교가 궁금해요

학습 계획표

1일
- 생각 깨우기
- 배경지식 깨우기
- 어휘 깨우기

2일
- 주제 읽기

3일
- 주제 읽기

4일
- 주제 다지기

5일
- 주제 다지기
- 생각 글쓰기

생각 깨우기

학교에서 상을 받고 즐거워하는 친구의 모습이에요. 학교에서 있었던 즐거운 일을 떠올려 보고, 생각나는 대로 쓰세요.

학교는 무엇을 하는 곳일까요? 나와 생각이 같은 사람을 모두 찾아 ○표 하세요. 또 학교 생활에서 가장 중요한 일은 무엇이며, 왜 그렇게 생각하는지 쓰세요.

여러 가지를 배우는 곳이야.

친구들과 즐겁게 노는 곳이야.

재능을 키우는 곳이야.

몸을 건강하게 하는 곳이야.

일하러 가는 곳이야.

소풍을 가는 곳이야.

배경지식 깨우기

학교에 있는 장소와 친구들의 행동이 어울리면 □ 안에 ○표, 어울리지 않으면 ×표 하세요.

어휘 깨우기

보기 의 낱말과 뜻풀이를 보고, 빈칸에 들어갈 알맞은 낱말을 보기 에서 찾아 쓰세요.

보기

지각	정해진 시각보다 늦게 학교나 회사에 감.	등교	학생이 공부를 하러 학교에 감.
수업	선생님이 학생에게 지식이나 기술을 가르쳐 줌.	하교	학생이 공부를 끝내고 집으로 돌아감.

얄리는 수업이 끝난 뒤, 친구와 함께 ______________를 했어요.

얄리와 비비디는 아침마다 함께 ______________를 했어요.

얄리는 ______________ 시간에 떠들다가 선생님께 꾸중을 들었어요.

얄리는 아침에 꾸물거리다 학교에 ______________을 했어요.

얄리야, 학교 가자!

꾸물거리다
게으르고 굼뜨게 행동하다.

실험
과학에서 어떤 이론이 맞는지 확인하거나 특정한 현상을 관찰하고 측정하는 일.

여름 방학이 끝나고 마법 학교의 새 학기가 시작되었어요. 하지만 꼬마 마법사 얄리는 학교에 가지 않고 *꾸물거리고 있어요.

"엄마, 집에서 놀면 안 돼요? 학교에 꼭 가야 해요?"

"훌륭한 마법사가 되려면 학교에 가는 게 좋지. 왜 가기 싫어?"

"재미없어요. 글쓰기나 *실험만 하고 마법은 가끔 가르쳐 줘요."

그러자 옆에 있던 아빠가 나서며 물었어요.

"얄리, 1학기에 배운 빗자루 마법도 재미없었니?"

"아니요, 그건 재미있었어요. 키 높이까지 뜨는 것만 배워서 아쉬웠지만요."

아빠는 이때다 하고 슬며시 말했어요.

질문 톡 얄리는 어떤 학교에 다니나요?

☐ 요리 학교 ☐ 마법 학교

"안됐구나. 이번 학기에 높이 날기를 배운다고 하던데……."

"진짜요? 그럼 저 학교 갈래요. 내 빗자루가 어디 있더라?"

얄리는 빗자루를 들고 마수리 마법 학교까지 바람같이 달려갔어요. 하지만 이미 *등교 시간이 지나 *교문 앞에는 학생이 거의 없었지요.

"에휴, 지각이네."

그때 같은 반 친구이자 짝꿍인 비비디가 얄리의 어깨를 톡 쳤어요.

"얄리야, 무슨 일로 이리 늦었어? 나야 늦잠 자서 맨날 *지각하지만……."

"꾸물거리다 늦었어. 빨리 가자."

얄리와 비비디는 서둘러 교실로 향했어요.

등교
학생이 공부하러 학교에 감.

교문
학교의 문.

지각
정해진 시각보다 늦게 학교나 회사에 감.

질문톡 얄리는 교문 앞에서 누구를 만났나요?

☐ 짝꿍 ☐ 선배

담임 선생님
학급이나 학년을 책임지고 맡아보는 선생님.

수업
선생님이 학생에서 지식이나 기술을 가르쳐 줌.

재빨리
동작이 재고 빠르게.

얄리와 비비디가 1학년 1반 교실에 들어가자 *담임 선생님이 막 첫 시간인 국어 *수업을 시작하고 있었어요.

"둘이 나란히 지각이구나. 얄리야, 짝꿍이라고 비비디가 늦잠 자는 것까지 따라 할 필요는 없단다. 내일은 일찍 와라!"

"네, 선생님."

얄리와 비비디는 *재빨리 자리로 뛰어가서 앉았어요. 선생님은 반 친구들을 둘러보며 말했지요.

"방학 숙제는 다 했겠지? 그럼 얼마나 열심히 했나 볼까? 모두들 공책을 펴렴."

선생님은 갑자기 받아쓰기 시험 문제를 불러 주기 시작했어요.

질문 톡
얄리와 비비디는 몇 학년인가요?
☐ 1학년 ☐ 2학년

"빗자루, 높다, 늦잠, 나뭇가지, 때……."

반 친구들은 문제를 들으며 부지런히 받아썼어요. 하지만 얄리와 비비디는 하나도 쓸 수 없었어요. 방학 동안 숙제는 하지 않고 놀기만 했거든요. 얄리와 비비디는 *하는 수 없이 깨끗하게 빈 공책을 냈어요.

선생님은 친구들의 공책을 다 살펴본 뒤 말했어요.

"풀라와 알제는 다 맞았네. 정말 잘했다!"

얄리는 풀라와 알제가 칭찬을 받자 괜히 *심술이 났지요.

'치! 받아쓰기가 뭐가 중요하담? 마법 책만 읽을 줄 알면 되지.'

하는 수 없이
어쩔 도리나 방법 없이.

심술
온당하지 않게 고집부리는 마음.

질문 톡 첫 시간에 얄리가 본 시험은 무엇인가요?
☐ 받아쓰기 ☐ 변신술

두 번째 시간은 빗자루 마법 수업이에요.

"오늘은 높이 날기를 할 거야. 빗자루에 앉아 '올라, 나무 위!' 하고 주문을 외우면서 빗자루를 손가락으로 빠르게 두드리면 돼. 자, 그럼 이제 시작!"

마법 선생님이 호루라기를 불자 얄리는 바로 *주문을 외웠어요. 놀랍게도 얄리가 가장 먼저, 알제가 그다음으로 날아올랐지요. 선생님은 박수를 치며 칭찬했어요.

"얄리야, 알제야, 잘했다! 얄리는 빗자루 마법에 *재능이 있구나."

'똑똑한 풀라도 빗자루는 잘 못 타네. 마법사가 시시하게…….'

얄리는 *우쭐해서 으스댔지요.

주문
마법사가 마법을 부릴 때 쓰는 말.

재능
어떤 일을 하는 데 필요한 재주와 능력.

우쭐하다
만족한 얼굴로 뽐내다.

질문톡 빗자루를 타고 가장 먼저 날아오른 사람은 누구인가요?

☐ 풀라 ☐ 얄리

내용 확인

1 이 글의 내용과 맞으면 ○표, 틀리면 ×표 하세요.

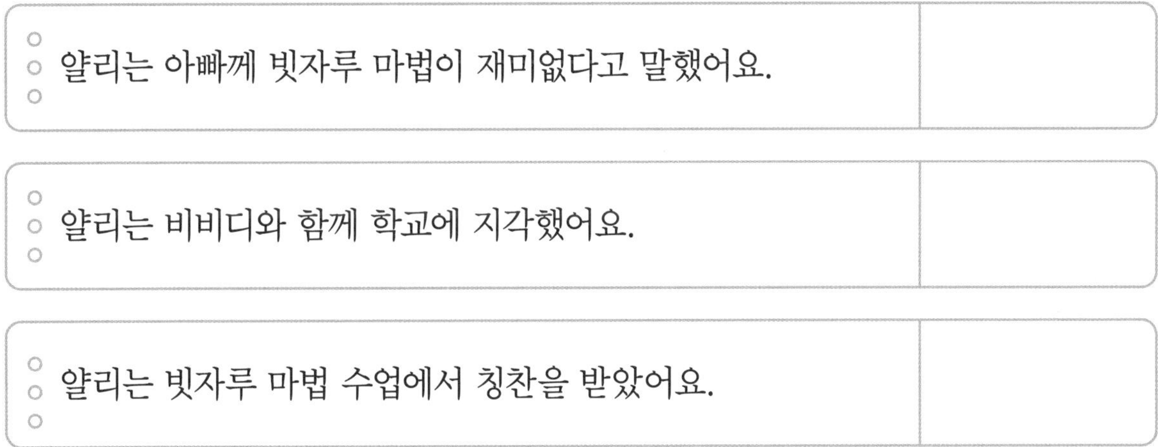

얄리는 아빠께 빗자루 마법이 재미없다고 말했어요.	
얄리는 비비디와 함께 학교에 지각했어요.	
얄리는 빗자루 마법 수업에서 칭찬을 받았어요.	

2 얄리가 받아쓰기 시험에서 빈 공책을 낸 이유로 알맞은 것을 고르세요. (　　　　)

① 비비디와 빈 공책을 내기로 약속해서

② 연필을 가지고 오지 않아서

③ 담임 선생님의 목소리가 들리지 않아서

④ 방학 동안 숙제는 하지 않고 놀기만 해서

3 아래 수업에서 얄리가 느낀 감정으로 알맞은 것을 줄로 이으세요.

국어 수업 •	• 심술이 났어요.
빗자루 마법 수업 •	• 우쭐해서 으스댔어요.

방해
남의 일을 간섭하고 막아서 해를 끼침.

숙이다
앞으로나 한쪽으로 기울게 하다.

세 번째 시간은 마법 약 실험 수업이에요.

"실험 기구는 위험하니 장난치면 안 돼요. 그리고 다른 물건이 있으면 *방해가 되니 앞으로 내놓으세요."

선생님이 실험에 쓸 강력 풀을 나눠 주며 말씀하셨어요.

'빗자루가 없으면 허전한데……. 그냥 책상 밑에 숨겨야지.'

얄리는 빗자루를 책상 밑에 넣으려고 몸을 *숙였어요. 그 순간 우당탕탕 하고 강력 풀이 쏟아졌지요.

"으악, 내 빗자루! 아유, 끈적끈적해!"

얄리가 소리를 친 순간 선생님과 반 친구들이 돌아보았어요. 얄리는 남은 시간 내내 빗자루를 들고 벌을 서야만 했지요.

질문 톡 실험 수업 때 얄리는 책상 밑에 무엇을 넣으려 했나요?

☐ 풀　　☐ 빗자루

*하교 시간에 얄리와 비비디는 교실에서 나와 함께 운동장을 걸었어요.

"끼잉, 끼잉."

얄리와 비비디가 보니, 나뭇가지에 강아지가 매달려 있었어요.

"얄리, 누가 강아지에게 장난을 쳤나 봐. 너무 불쌍하지?"

"응. 빨리 구해 줘야겠어. 내가 오늘 배운 대로 해 볼게."

얄리는 바로 빗자루를 타고 주문을 외웠어요. 하지만 빗자루는 뜨는 듯하다가 *도로 땅에 떨어졌어요.

"빗자루가 이상해. 위로 올라가지를 않아. 어떡하지?"

한참 동안 애를 쓰던 얄리는 *풀이 죽어 주저앉았어요.

하교
학생이 공부를 끝내고, 집으로 돌아감.

도로
먼저와 다름없이. 또는 본래의 상태대로.

풀이 죽다
사람의 활기나 기세가 꺾이다.

질문 톡 얄리와 비비디는 나무 위에서 무엇을 발견했나요?

☐ 강아지 ☐ 고양이

위로하다
따뜻한 말이나 행동으로 괴로움을 덜어 주거나 슬픔을 달래주다.

그러자 비비디가 얄리를 *위로하며 말했어요.

"빗자루에 풀이 묻어서 그럴지도 몰라. 청소 마법으로 한번 없애 보자."

"청소 마법? 지난 학기에 배웠던가? 난 모르겠는데, 넌 알아?"

"응, 청소를 좋아해서 열심히 들었거든. 주문을 쓸 종이만 줘."

부채질
부채를 흔들어 바람을 일으키는 일.

비비디는 종이에 '깨끄시 닥아라, 싹싹!'이라고 쓰고 *부채질을 했어요. 하지만 빗자루에 묻은 풀은 없어지지 않았지요.

"아무래도 종이에 쓴 글씨가 틀렸나 봐. 국어 공부 좀 할걸."

얄리와 비비디는 한숨을 푹푹 내쉬었어요.

질문톡 비비디는 청소 마법으로 어디에 있는 풀을 없애려 했나요?

☐ 종이 ☐ 빗자루

그때 어디선가 풀라가 나타나 물었어요.

"왜 그러니? 무슨 일 있니?"

"청소 마법으로 빗자루의 풀을 없애고 싶은데 잘 안 돼. 네가 주문을 좀 봐 줄래?"

얄리는 비비디가 적은 주문을 풀라에게 보여 주었어요.

"어? '깨끗이'를 '깨끄시'로, '닦아라'를 '닥아라'로 썼구나. 내가 다시 써 줄게."

풀라는 주문을 다시 쓴 뒤 그 종이로 빗자루에 부채질을 했어요. 그러자 *눈 깜짝할 새에 빗자루에 묻은 풀이 깨끗이 사라졌어요.

"풀라야, 고마워."

*눈 깜짝할 새: 아주 짧은 순간.

질문 톡 청소 주문을 바르게 쓴 친구는 누구인가요?

☐ 비비디 ☐ 풀라

얄리는 빗자루를 타고 나무 위로 올라가 강아지를 구했어요. 어느새 나무 주위에 모인 친구들은 얄리를 보며 칭찬했어요.

“빗자루를 타고 강아지를 구하다니, 얄리 최고! 얄리 만세!”

“아니야. 비비디와 풀라가 도와주지 않았다면 난 빗자루를 탈 수도 없었는걸. 비비디와 풀라가 강아지를 구한 셈이야.”

얄리는 비비디와 풀라에게 *공을 돌렸어요. 친구들은 얄리와 비비디, 풀라 모두에게 박수를 보냈어요. 얄리는 뿌듯한 마음이 들었지요.

공을 돌리다
어떤 일을 마치거나 목적을 이룬 결과를 다른 사람 덕분이라고 하다.

‘학교에 오기를 잘한 것 같아. 친구들과 지내는 것도 즐겁고, 배우는 것도 많네. 내일은 일찍 와야지. 그런데 또 받아쓰기 시험을 보면 어떡하지?’

질문톡 얄리를 도와준 친구는 누구인가요?

☐ 알제와 풀라 ☐ 비비디와 풀라

내용 확인

1 빈칸에 알맞은 말을 써서 얄리가 마법 약 실험 시간에 벌을 선 이유를 완성하세요.

책상 밑에 [ ][ ][ ]를 넣으려고 몸을 숙이다가

책상 위에 있던 강력 [ ]이 쏟아졌기 때문이에요.

2 이야기의 순서에 맞게 빈칸에 알맞은 숫자를 쓰세요.

얄리는 빗자루를 타고 나무 위로 올라가 강아지를 구했어요.	
풀라가 주문을 다시 쓴 뒤 그 종이로 빗자루에 부채질을 했어요.	
비비디가 청소 주문을 종이에 쓰고 부채질을 했어요.	

3 비비디가 잘못 쓴 청소 주문을 바르게 고쳐 쓴 것을 고르세요. (　　　)

① 깨끗이 닦아라, 싹싹!

② 깨끄시 닦아라, 싹싹!

③ 깨끄시 닥아라, 삭삭!

④ 깨끗이 닥아라, 싹싹!

주제 다지기

인물

이야기에 나오는 등장인물이에요. 얄리와 어떤 관계인지 빈칸에 쓰세요.

얄리의 ________

얄리의 담임 선생님

얄리의 ________

얄리의 ________

얄리의 ________

얄리의 짝꿍

얄리의 ________

인물

이야기의 등장인물에 대해 바르게 설명한 것을 따라 줄을 그어 길을 찾으세요.

출발

풀라는 얄리의 짝이다.

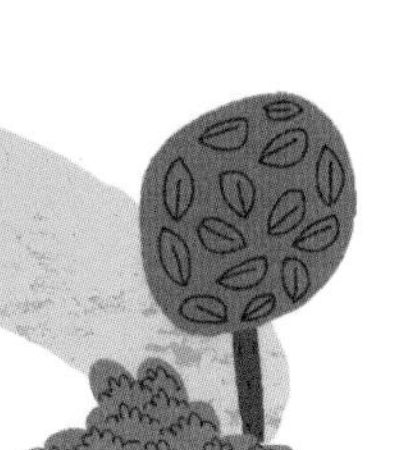

비비디는 얄리의 짝이다.

풀라는 지각을 자주 한다.

알제는 받아쓰기를 잘한다.

비비디는 받아쓰기를 잘한다.

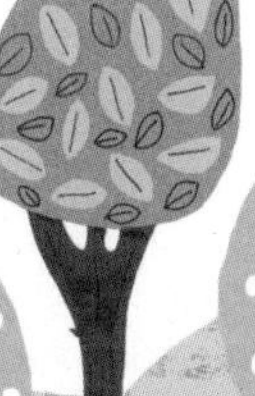

풀라는 받아쓰기를 잘한다.

비비디는 청소를 싫어한다.

비비디는 얄리와 친하다.

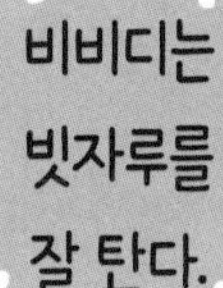

비비디는 빗자루를 잘 탄다.

알제는 빗자루를 제법 잘 탄다.

풀라는 빗자루를 잘 못 탄다.

풀라는 빗자루를 아주 잘 탄다.

도착

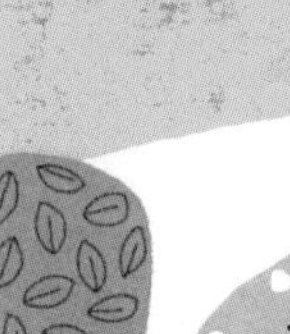

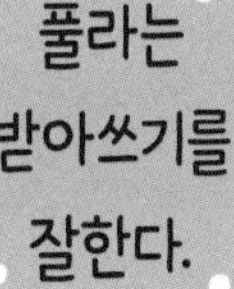

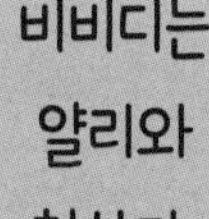

주제 다지기

인물

얄리에 대해 기록한 내용이에요. 바르게 쓴 것을 모두 찾아 □ 안에 ✓ 표 하세요.

- 얄리는 마수리 마법 학교 1학년 1반이다. □
- 얄리는 빗자루 마법에 재능이 있다. □
- 얄리는 국어 시간에 하는 받아쓰기를 좋아한다. □
- 얄리는 불쌍한 강아지를 구해 주는 따뜻한 마음을 갖고 있다. □
- 얄리는 청소 마법에 재능이 있다. □
- 얄리는 학교 규칙을 잘 지킨다. □

판단

두 친구가 얄리의 강아지 구출 사건에 대해 이야기하고 있어요. 이 글을 더 잘 이해한 친구를 찾아 ○표 하세요.

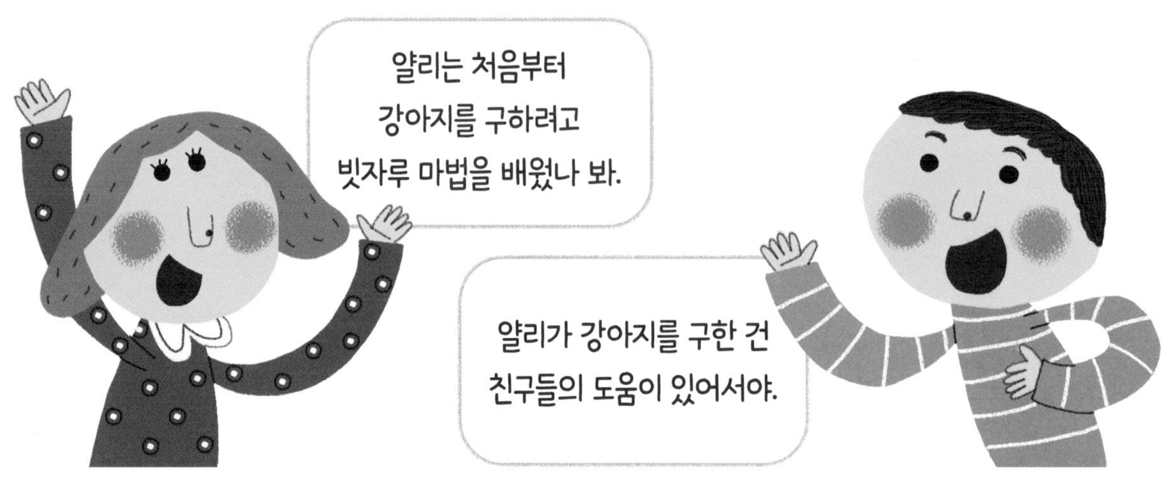

순서

이야기를 읽고, 새 학기 첫날 얄리에게 일어난 일의 순서에 맞게 빈칸에 번호를 쓰세요.

주제 다지기

배경

알리가 갔던 장소에서 받은 수업으로 알맞은 것을 찾아 줄로 이으세요.

마법약 실험

빗자루 마법

국어

배경

여러분의 학교에는 어떤 장소가 있는지 떠올려 보고, 다음 장소에서 무슨 수업을 하는지 생각나는 대로 쓰세요.

음악실에서는

음악 수업을 해요.

정리

빈칸에 알맞은 말을 넣어 이야기를 정리하세요.

처음

얄리는 학교가 재미없었지만 ____________을 배울 생각에 학교에 가기로 했어요.

가운데

1 얄리는 ____________ 시험에서 답을 하나도 쓰지 못했어요.

2 빗자루 마법 시간에 얄리는 가장 먼저 날아올라 ____________을 받았어요.

3 마법 약 실험 시간에 얄리의 빗자루에 ____________이 묻었어요.

4 얄리는 나무에 매달린 ____________를 구하려 했지만 풀 묻은 빗자루로는 날 수 없었어요.

5 얄리는 ____________와 풀라의 도움으로 빗자루를 타고 강아지를 구했어요.

등장인물

____________, 엄마, 아빠, 비비디, 담임 선생님, ____________, 알제, 마법 선생님

배경

새학기 첫날 집과 ____________

끝

얄리는 학교에 오기를 잘했다고 생각했어요.

생각 글쓰기

얄리는 학교에 가고 싶기도 하고, 가기 싫기도 해요. 얄리가 그렇게 생각하는 까닭을 보고, 내 생각은 어떤지 빈칸에 쓰세요.

나는 학교에 가는 게 좋아.
왜냐하면 빗자루 마법도 배우고,
친구들도 만날 수 있기 때문이지.

나는 학교에 가는 게 좋아.

왜냐하면 ______________________

____

나는 학교에 가기 싫어.
왜냐하면 글쓰기나 실험만 하고
마법은 가끔 가르쳐 주어서야.

나는 학교에 가기 싫어.

왜냐하면 ______________________

____

얄리는 집에 와서 학교생활을 잘하고 싶다는 일기를 썼어요. 얄리처럼 학교에서 경험한 일과 학교생활을 위한 다짐을 일기로 쓰세요.

2020 년 9 월 1 일 날씨 하루 종일 맑음

제목 강아지 구출 작전

여름 방학이 끝나고 2학기가 시작되었다.
학교에서 돌아오는 길에 나무 위에 매달린
강아지를 구해 주었다.
그런데 마법 주문을 제대로 쓸 줄 몰라서 고생했다.
짝인 비비디랑 풀라가 도와줘서 성공했다.
정말 고마웠다. 그래서 앞으로의 다짐을 적어 보았다.

- 앞으로는 받아쓰기 공부를 열심히 하겠습니다.
- 친구들과 더욱 친하게 지내겠습니다.

년 월 일 날씨

제목

스스로 평가하기  

2주

갈래 옛이야기

제목 • 관중과 포숙아의 참된 우정

친구가 생겼어!

교과 연계 1-1 <학교> 어깨동무 내 동무
1-1 <학교> 짝꿍이 생겼어요

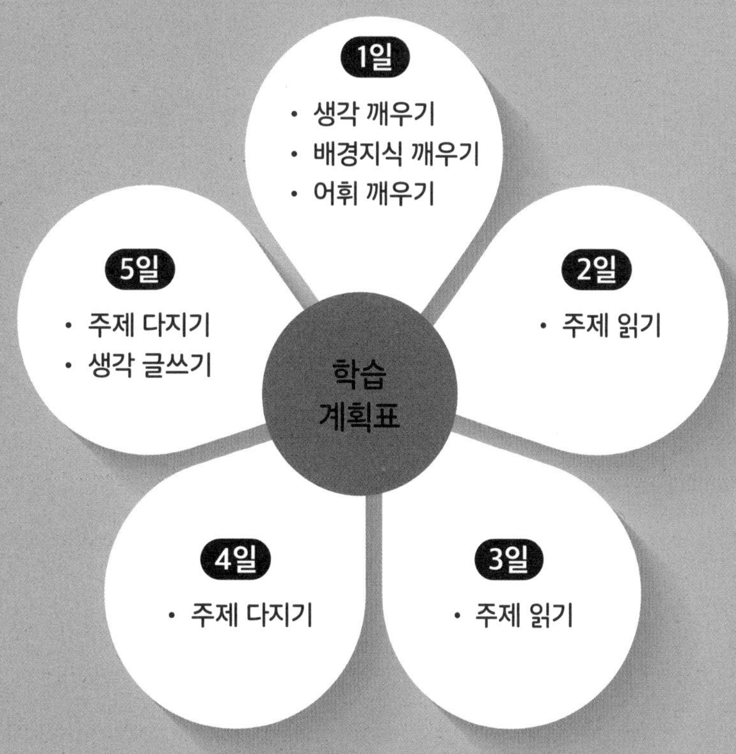

생각 깨우기

친구와 함께 지내는 여러 모습이에요. 가장 먼저 떠오르는 친구 이름을 쓰고, 그 친구와 한 일 중 한 가지를 쓰세요.

친구 이름 ______________________

친구와 한 일 ______________________

____

____

우정에 대한 여러 사람의 생각이에요. 나와 생각이 같으면 '예'에 ✓ 표 하고, 생각이 다르면 '아니요'에 ✓ 표 하세요.

♥ 친구에게 돈을 아낌없이 주어야 해.	예	아니요
♥ 친구의 잘못을 감싸 주어야 해.	예	아니요
♥ 친구에게 무엇이든 양보해야 해.	예	아니요
♥ 친구가 잘못을 하면 놀지 말아야 해.	예	아니요
♥ 어떤 일이 있어도 친구를 믿어야 해.	예	아니요
♥ 친구가 잘못을 하면 고치라고 말해야 해.	예	아니요

배경지식 깨우기

노란색 길과 파란색 길을 따라가며 관중과 포숙아에 대해 알아보고, 두 사람에게 앞으로 이떤 일이 생길지 상상하세요.

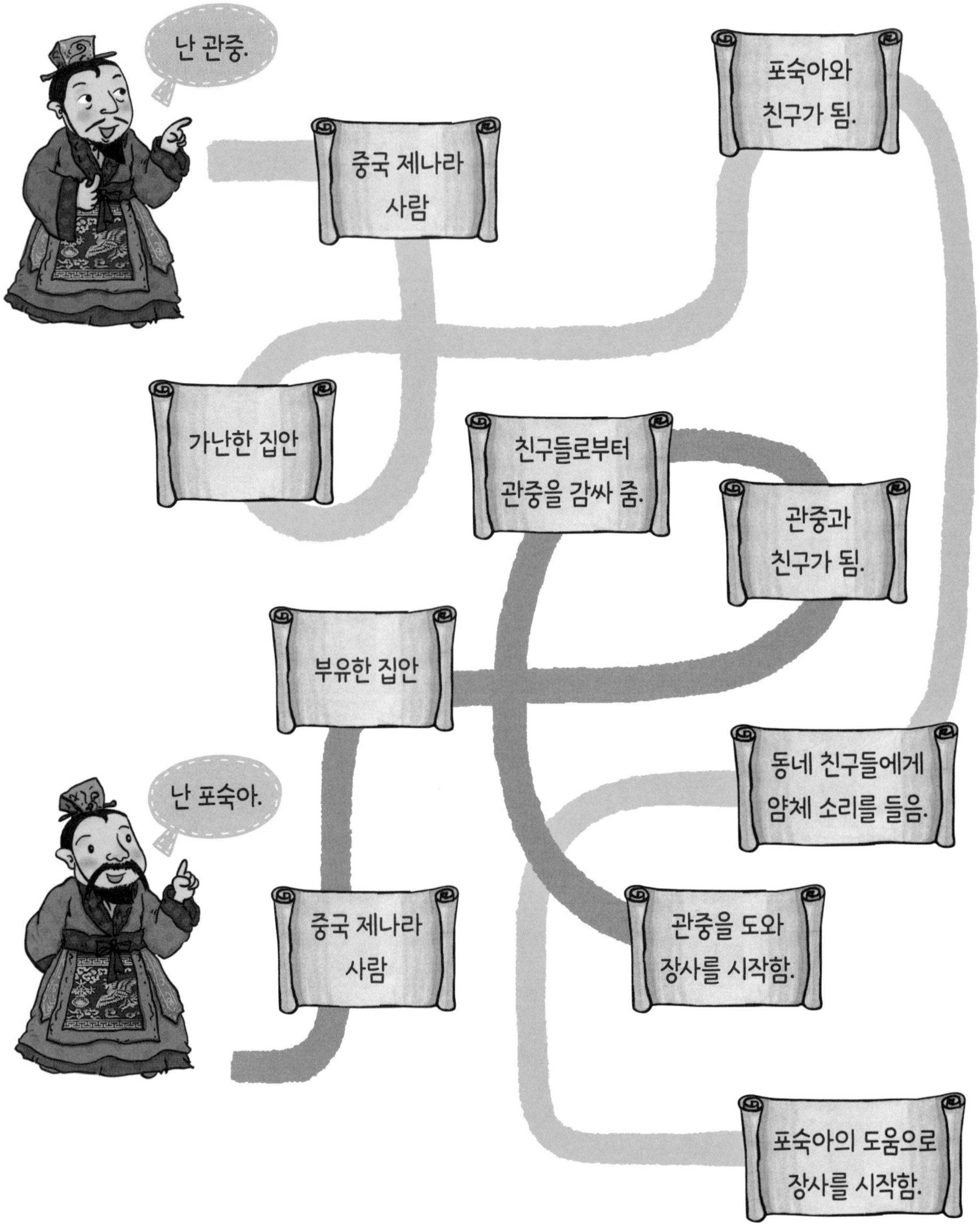

난 관중.

중국 제나라 사람

포숙아와 친구가 됨.

가난한 집안

친구들로부터 관중을 감싸 줌.

관중과 친구가 됨.

부유한 집안

동네 친구들에게 얌체 소리를 들음.

난 포숙아.

중국 제나라 사람

관중을 도와 장사를 시작함.

포숙아의 도움으로 장사를 시작함.

어휘 깨우기

사다리를 따라 줄을 그어, 위에 있는 낱말에 어울리는 뜻풀이를 찾으세요.

벗 / 스승 / 우정 / 밑천 / 벼슬

나랏일을 맡아 다스리는 자리나 일을 말해요.

장사할 때 바탕이 되는 돈이나 물건이에요.

친구 사이의 정, 또는 친구를 아끼고 믿는 마음이에요.

서로 친하게 지내는 사람이에요. 친구라고도 해요.

삶에 필요한 공부나 일을 가르치고 이끌어 주는 사람이에요.

관중과 포숙아의 참된 우정

홀어머니
남편을 잃고 혼자 자식을 키우며 사는 여자.

개울
골짜기나 들에 흐르는 작은 물줄기.

옛날 중국 제나라에 관중과 포숙아라는 남자 친구들이 살았어요. 포숙아의 집은 부자였지만 관중은 *홀어머니와 함께 가난하게 살았어요. 하지만 둘이 서로 좋아하고 아끼는 마음은 똑같았어요. 둘은 날마다 해가 뜨자마자 만나 함께 먹고, 함께 공부하고, 함께 놀았어요.

"관중아, 떡 싸 왔어. 공부하고 나서 같이 먹자."

"우아, 맛있겠다. 고마워. 먹고 나서 *개울에 놀러 가자!"

관중과 포숙아는 세상에 둘도 없는 벗이었어요.

질문 톡 관중은 누구와 살았나요?

☐ 홀아버지 ☐ 홀어머니

그런데 관중은 동네 친구들과 놀 때마다 몰래 일찍 갔어요. 또 함께 놀다 *꾸중 들을 일이 생기면 슬그머니 빠져나갔어요. 동네 친구들은 관중을 좋아하지 않았지요.

"관중은 의리도 없고 *얌체야. 이것 봐. 오늘도 미꾸라지처럼 도망갔잖아!"

하지만 포숙아는 동네 친구들과 생각이 달랐어요.

"홀로 계신 어머니가 걱정하실까 봐 간 거야. 그러니까 관중은 얌체가 아니야."

"치, 포숙아는 관중에게 너무 너그러워."

동네 친구들은 답답해했지만 포숙아는 늘 관중을 감쌌어요. 또 관중이 잘못한 일이 있을 때는 대신 나서서 잘못을 빌었어요.

꾸중
아랫사람의 잘못을 꾸짖는 말.

얌체
양심이 없어서 스스로 부끄러워하지 않는 사람.

질문 톡 동네 친구들은 관중을 좋아했나요?

☐ 예 ☐ 아니요

시간이 흘러 관중과 포숙아는 어른이 되었어요. 가난한 집안을 책임지기 위해 돈을 벌어야 했던 관중은 포숙아를 찾아가 이렇게 말했어요.

"*장사를 해 보면 어떨까 하는데, 자네가 좀 도와주겠나?"

관중이 묻자 포숙아는 바로 대답했어요.

"좋지. 함께 해 보세. 장사에 필요한 돈은 걱정 말게."

관중과 포숙아는 곧 함께 장사를 시작했어요. 포숙아는 장사 밑천을 많이 냈고, 관중은 조금 냈어요. 사람들은 관중이 얌체 같다며 *수군거렸어요. 포숙아는 자신이 부유하니 돈을 많이 내는 게 당연하다고 생각했지요.

장사
이익을 얻기 위해 물건을 사서 파는 일.

수군거리다
남이 알아듣지 못하도록 낮은 목소리로 자꾸 가만가만 이야기하다.

질문 톡
관중과 포숙아는 무엇을 시작했나요?
농사
장사

포숙아는 장사를 해서 번 돈도 관중에게 더 많이 주었어요. 관중은 언제나 포숙아보다 훨씬 많은 돈을 가지고 갔지요.

사람들은 관중을 보고 욕심쟁이라고 욕했어요.

"장사는 둘이 하는데 돈은 관중이 더 많이 *차지하다니! 포숙아는 정말 바보야."

그런 이야기를 들을 때면 포숙아는 웃으면서 말했어요.

"가난한 집안 살림에 돈을 보태야 하는 관중에게 돈을 더 주는 게 당연하지. 관중은 *생활력과 책임감이 강한 친구인걸."

포숙아가 마음을 써 준 덕에 관중은 어려운 집안을 계속 도울 수 있었어요.

차지하다
물건이나 공간, 지위 등을 자기 몫으로 가지다.

생활력
사회생활을 유지하기 위해 필요한 능력.

질문 톡 장사를 해서 번 돈은 누가 더 많이 가져갔나요?

☐ 관중 ☐ 포숙아

관리
관직에 있는 사람.

인재
어떤 일을 할 수 있는 지식이나 능력을 갖춘 사람.

흉보다
다른 사람의 단점을 들어 이야기하다.

하지만 사실 관중의 꿈은 *관리가 되는 것이었어요. 포숙아는 그런 관중의 마음을 잘 알고 있었지요.

"관중, 우리 열심히 공부해 나라를 위해 일하는 *인재가 되세."

관중과 포숙아는 함께 열심히 공부해 관리가 되었어요. 그런데 관중은 세 번이나 관직에서 쫓겨났어요. 사람들은 능력 없는 못난이라고 관중을 *흉보았지요. 하지만 포숙아는 이번에도 관중을 위로했어요.

"슬퍼하지 말게. 자넨 뛰어난 인재야. 능력을 알아주는 사람을 아직 못 만났을 뿐이지."

열심히 공부해 관리가 되었다가 쫓겨난 사람은 누구인가요?

☐ 포숙아 ☐ 관중

내용 확인

1 포숙아의 성격에 대해 잘못 이해한 친구를 찾아 ○표 하세요.

( ) ( ) ( )

2 친구들은 관중이 '미꾸라지처럼 도망갔다'고 했어요. 이 말은 미꾸라지의 어떤 특성을 빗댄 말인지 고르세요. ( )

① 이곳저곳을 빠르게 움직여요.
② 몸이 미끄러워 요리조리 잘 빠져나가요.
③ 흙탕물을 일으켜서 웅덩이의 물을 흐려요.
④ 캄캄하고 어두운 곳을 좋아해요.

3 포숙아는 장사로 번 돈을 관중에게 더 주면서 관중은 '이것'이 강한 친구라고 했어요. '이것'에 해당하는 두 가지를 보기 에서 찾아 쓰세요.

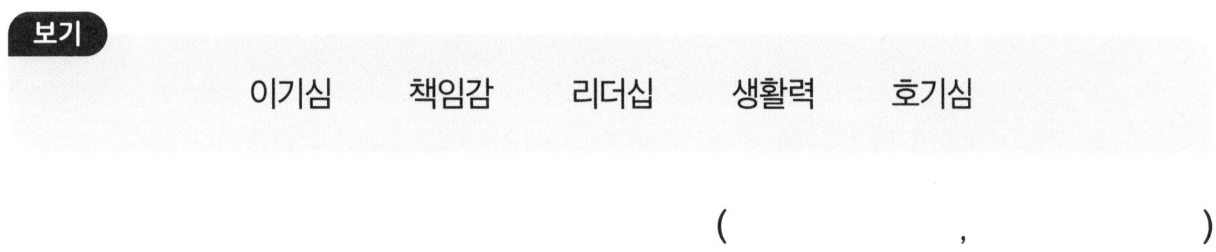
보기

이기심 책임감 리더십 생활력 호기심

(,)

그 뒤 제나라는 다른 나라와 전쟁을 했어요. 관중은 군인으로 뽑혀 군대를 따라 전쟁터로 갔어요. 그런데 관중은 전쟁터에서 세 번이나 도망쳐 집으로 돌아왔어요. 사람들은 관중을 보고 겁쟁이라고 비웃었어요. 이번에도 포숙아는 관중을 감쌌어요.

"관중은 효자라, 늙은 어머님을 *모시려고 돌아온 겁니다."

사람들은 더 이상 관중을 욕하지 않았어요. 늙은 어머니를 모셔야 하는 관중의 *처지를 알게 되었기 때문이지요.

관중은 포숙아의 위로에 힘을 얻어 더욱 열심히 공부했어요. 다시 벼슬을 얻어 나라를 위해 일하려고 한 거지요.

모시다
웃어른이나 존경하는 이를 가까이에서 받들다.

처지
처해 있는 사정이나 형편.

질문톡 사람들은 전쟁터에서 도망친 관중에게 뭐라고 했나요?

☐ 효자 ☐ 겁쟁이

몇 년 뒤에 관중은 둘째 왕자인 규의 스승이 되었어요. 포숙아는 셋째 왕자인 소백의 스승이 되었고요.

그때 제나라에는 세 왕자가 있었는데 사이가 좋지 않았어요. 어머니가 다 다른 데다가 모두 왕이 되고 싶어 했기 때문이에요. 그래서 왕이 죽자 둘째와 셋째 왕자는 도망을 가야 했지요.

"규 왕자님, 아무래도 형님을 피해 노나라로 가야겠습니다."

"소백 왕자님, 목숨이 *위태로우니 거나라로 피하시지요."

관중과 포숙아는 각자 왕자를 따라가느라 멀리 떨어졌어요. 하지만 벗을 아끼는 마음만은 *한결같았지요.

위태롭다
마음을 놓을 수 없을 만큼 위험하다.

한결같다
처음부터 끝까지 변함없이 꼭 같다.

질문 톡 관중과 포숙아는 왕자들의 무엇이 되었나요?

☐ 호위병 ☐ 스승

얼마 뒤, 형이 죽고 제나라가 위험해지자 두 왕자는 제나라로 돌아오기로 했어요. 먼저 돌아오는 왕자가 왕이 될 가능성이 높았지요. 관중은 자신이 모시는 규 왕자를 위해 *발 벗고 나섰어요.

발 벗고 나서다
적극적으로 나서다.

"규 왕자님, 제가 먼저 가서 소백 왕자를 막겠습니다."

관중은 길목을 지키다가 소백 왕자에게 화살을 쏘았어요. 하지만 소백 왕자를 죽이는 데 실패했어요. 포숙아가 모시던 소백 왕자는 관중을 잡아 오라고 했지요. 잡혀가면 *비참하게 죽을 가능성이 컸지만, 관중은 포숙아가 도와줄 것을 믿는 터라 함부로 목숨을 끊지 않았어요.

비참하다
더할 수 없이 슬프고 끔찍하다.

질문 톡 관중은 누구를 죽이려고 했나요?

☐ 소백 왕자 ☐ 포숙아

제나라에 끌려간 관중은 포숙아를 만나자 눈물을 흘렸어요.

"다시 보다니 꿈만 같군. 제나라를 위해 일하고 싶었는데……."

"약한 말은 말게. 자네는 살아서 꼭 나라를 위해 일해야 하네."

적이 되었던 관중에 대해서도 포숙아의 우정은 한결같았어요. 포숙아는 관중을 구하기 위해 소백 왕자를 찾아갔어요.

"*자비를 베풀어 관중을 살려 주십시오."

"관중은 나를 죽이려 했으니 죽어 *마땅하다."

소백 왕자는 관중을 용서하지 않으려 했어요.

자비
남을 깊이 사랑하고 가엾게 여김. 또는 그렇게 여겨서 베푸는 혜택.

마땅하다
그렇게 하거나 되는 것이 옳다.

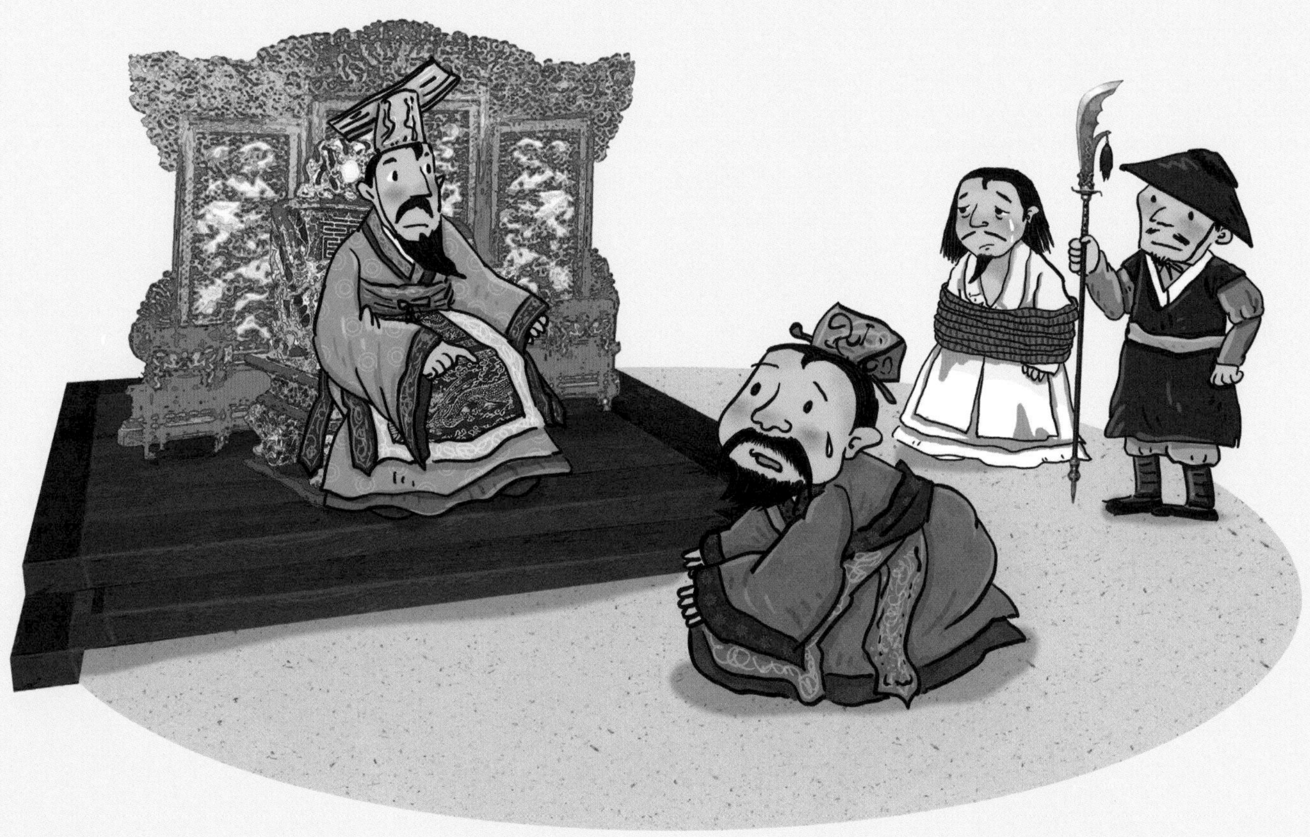

질문 톡 포숙아는 관중을 살려 달라고 누구에게 부탁했나요?

☐ 규 왕자 ☐ 소백 왕자

재상
임금을 도와 다른 관리들을 지휘하고 감독하는 일을 하는 벼슬. 또는 그런 벼슬에 있는 사람.

삼다
어떤 사람과 인연을 맺어 관계 있는 사람으로 만들다.

포숙아는 관중의 능력을 믿기에 끈질기게 소백 왕자를 설득했어요.

"관중은 지혜와 능력이 뛰어난 인재입니다. 강한 나라를 만들려면 반드시 관중을 *재상으로 써야 합니다."

"정말 대단한 우정이로군. 자네가 그리 믿는 벗이라니 나도 믿어 보겠네."

소백 왕자는 관중을 궁으로 불러 재상으로 *삼고 나랏일을 맡겼어요. 관중은 백성들을 위해 열심히 일했어요. 관중의 지혜와 능력 덕분에 제나라는 강한 나라가 되었지요.

관중은 포숙아의 깊은 우정에 고마워하며 이렇게 말했어요.

"나를 낳아 주신 분은 부모님이지만, 나를 알아준 사람은 포숙아다."

훗날 사람들은 참된 우정을 보면 관중과 포숙아의 사귐과 같다고 해서 '관포지교'라고 불렀답니다.

질문 톡 관중은 나중에 무엇이 되었나요?

☐ 재상 ☐ 장군

내용 확인

1 이 글의 내용과 맞으면 ○표, 틀리면 ✕표 하세요.

관중은 전쟁터에서 세 번이나 도망쳐 집으로 돌아왔어요.	
관중과 포숙아는 모두 둘째 왕자인 규 왕자의 스승이 되었어요.	
관중과 포숙아가 서로 적이 되면서 두 사람의 우정은 깨졌어요.	
관중은 소백 왕자를 죽이려다가 붙잡혔어요.	

2 소백 왕자가 관중을 죽이지 않고 재상으로 삼은 이유로 알맞은 것을 고르세요. (　　　　　)

① 포숙아가 끈질기게 설득하고 추천해서

② 관중의 재능이 특별해 보여서

③ 자신의 너그러움을 뽐내고 싶어서

④ 사람들이 입을 모아 관중을 칭찬해서

3 관중과 포숙아의 사귐처럼 참된 우정을 네 글자로 무엇이라고 하는지 쓰세요.

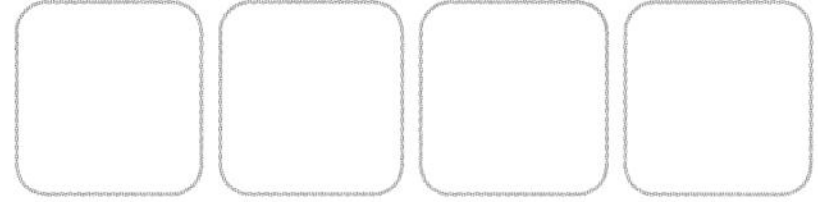

주제 다지기

인물

관중과 포숙아가 어떤 사람인지 알맞게 말한 친구를 모두 찾아 ○표 하세요.

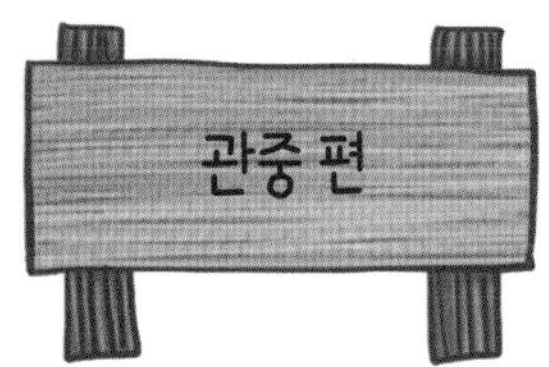

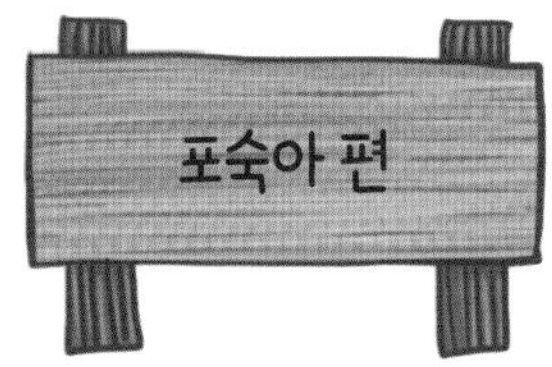

관중은 집안이 부유했어.

포숙아는 집안이 부유했어.

관중은 홀어머니와 함께 살았어.

포숙아는 홀어머니와 함께 살았어.

관중은 둘째 왕자 규의 스승이었어.

포숙아는 셋째 왕자 소백의 스승이었어.

관중은 나중에 재상이 되었어.

포숙아는 공을 세워 재상이 되었어.

관중은 포숙아에게 장사 밑천을 대 주었어.

포숙아는 관중을 도와 함께 장사를 했어.

인물

이야기에 나오는 등장인물을 모두 찾아 ○표 하세요.

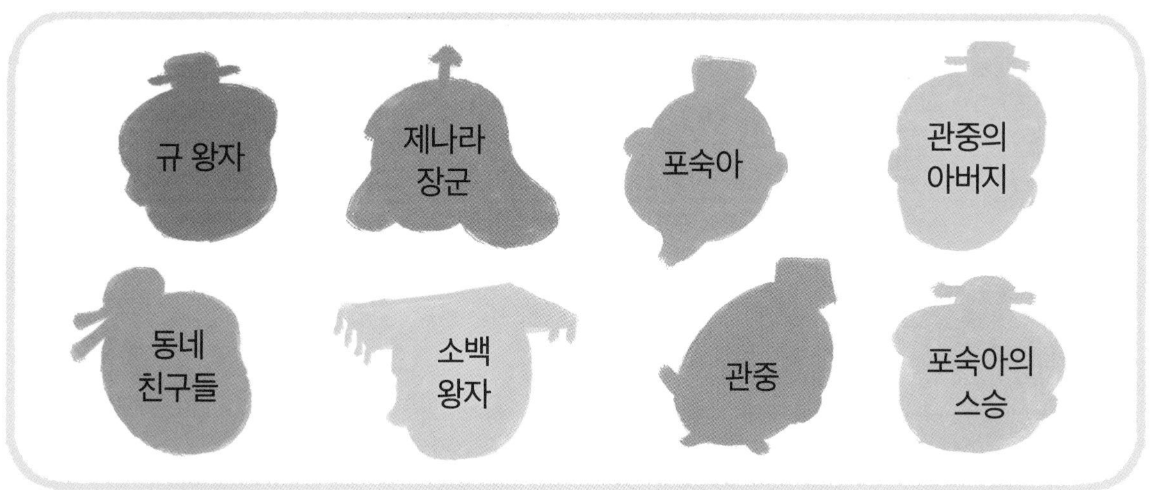

배경

이야기에 나오는 장소를 모두 찾아 □ 안에 ✓표 하세요.

주제 다지기

사건

어떤 일을 할 때 관중이 한 행동으로 알맞은 것을 찾아 줄로 이으세요.

- 놀다가 몰래 먼저 갔어요.
- 친구들과 끝까지 놀았어요.

- 장사 밑천을 많이 댔어요.
- 번 돈을 더 많이 가져갔어요.

- 계속 높은 자리로 옮겼어요.
- 관직에서 번번이 쫓겨났어요.

- 중간에 집으로 도망쳤어요.
- 끝까지 용감하게 싸웠어요.

판단

사람들이 관중에 대해 묻자, 포숙아가 대답했어요. 빈칸에 알맞은 말을 보기 에서 찾아 번호를 쓰세요.

보기

① 못난이 ② 걱정 ③ 집안 ④ 어머니 ⑤ 능력 ⑥ 겁쟁이

관중이 약체가 아니라고 생각한 까닭은?

홀로 계신 어머니가 ____________ 되어서 일찍 집에 간 거니까요.

전쟁터에서 도망친 관중이 효자라고 생각한 까닭은?

늙으신 ____________ 를 모시려고 돌아온 거니까요.

관중이 생활력과 책임감이 강하다고 생각한 까닭은?

____________ 살림에 보태려고 장사를 시작했으니까요.

관중을 재상으로 추천한 까닭은?

관중은 저보다 지혜와 ____________ 이 뛰어나니까요.

주제 다지기

순서

이야기를 영화로 만들려고 하는데 실수로 장면 번호를 빠뜨려 순서가 뒤죽박죽이 되었어요. 순서에 맞게 번호를 쓰세요.

관중과 포숙아는 어려서부터 친한 벗이었고, 포숙아는 늘 관중을 감쌌어요.

함께 장사를 시작한 포숙아는 관중에게 이익을 더 많이 나눠 주었어요.

관중이 전쟁터에서 도망쳐 왔지만 포숙아는 효자라며 감쌌어요.

관중이 소백 왕자에게 죄를 지어 죽게 되자 포숙아가 간청해 구했어요.

관중이 관리가 되었다가 쫓겨나자, 포숙아는 힘을 내라고 관중을 위로했어요.

관중은 재상이 되었고, 포숙아의 변함없는 우정에 고마워했어요.

정리

빈칸에 알맞은 말을 넣어 이야기를 정리하세요.

등장인물: ________, ________, 동네 친구들, 소백 왕자, 규 왕자

배경: 중국 제나라

처음: 관중과 포숙아는 서로 많이 달랐지만 둘도 없는 ________였어요.

가운데:

1. 어른이 된 관중과 포숙아는 함께 ________를 했어요.
2. 관중과 포숙아는 함께 열심히 공부해 ________가 되었어요.
3. 관중은 전쟁터에 끌려갔지만 세 번이나 도망쳤어요.
4. 왕자의 ________이 된 두 사람은 다른 나라로 떠났어요.
5. 관중은 소백 왕자를 죽이려다 붙잡혔지만 포숙아의 도움으로 목숨을 건졌어요.

끝: 포숙아의 추천 덕에 제나라의 ________이 된 관중은 포숙아의 변함없는 우정에 고마워했어요.

생각 글쓰기

포숙아는 관중이 전쟁터에서 도망쳐 왔을 때 아래와 같이 말했어요. 만약 내가 포숙아라면 무엇이라고 할지 쓰세요.

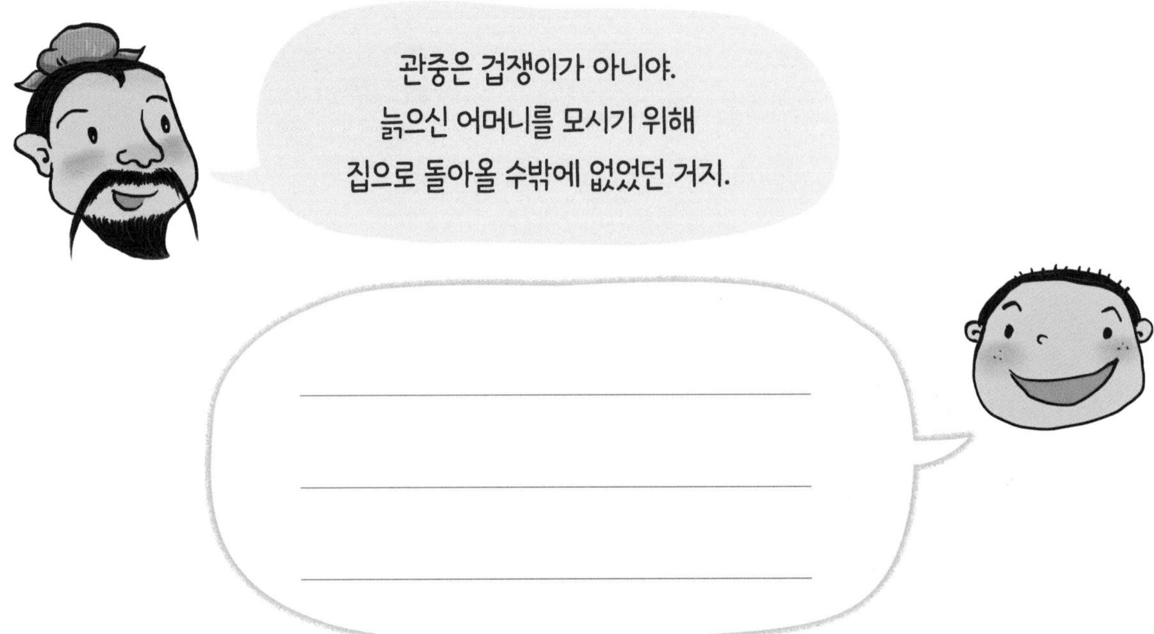

재상이 된 관중은, 자신을 알아주는 사람은 포숙아라며 고마워했어요. 만약 내가 관중이라면 포숙아에게 어떻게 보답할지 쓰세요.

관중과 포숙아는 어릴 때 만나 많은 일을 함께하며 좋은 친구로 지냈어요. 여러분은 친구와 어떤 일을 함께하고 싶은지 쓰세요.

여러분은 어떤 친구가 되고 싶나요? 가장 친한 친구에게 우정을 약속하는 편지를 쓰세요.

_______________ 에게

____

____

____

년 월 일

가

3주

갈래 기사

제목
- 어린이가 물에 빠진 친구를 구하다
- 학교 앞 어린이 교통사고를 줄이자

모두를 위한 안전 수칙

교과 연계 1-1 <학교> 안전을 확인해요
1-1 <학교> 안전하게 건너요

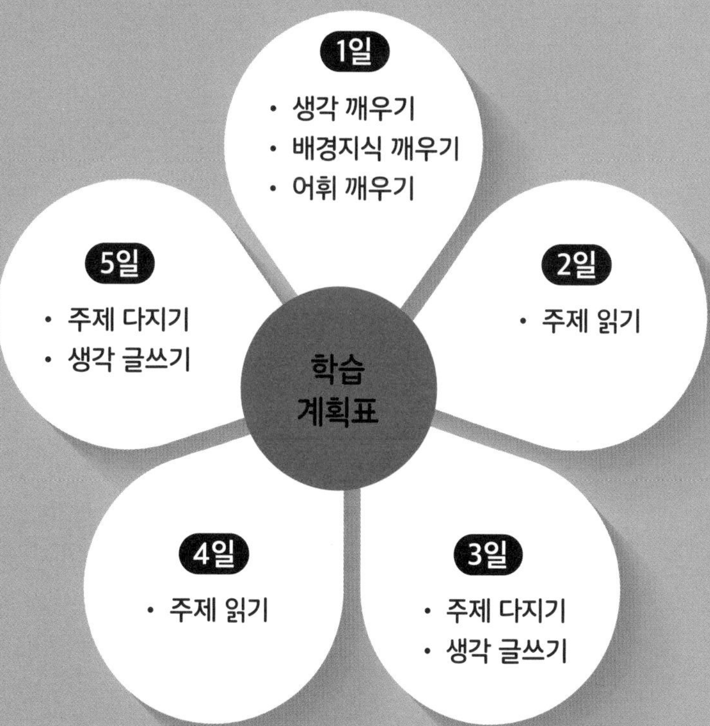

생각 깨우기

위험한 행동을 하는 친구를 찾아 ✕표 하세요. 친구나 가족이 같은 행동을 한다면 안전을 위해 뭐라고 말할지 쓰세요.

배경지식 깨우기

각 장소에 알맞은 안내문을 줄로 잇고, 무슨 안내문인지 빈칸에 쓰세요.

안내문은 사람들에게 어떤 내용을 알리거나 소개하는 글이야.

약수터

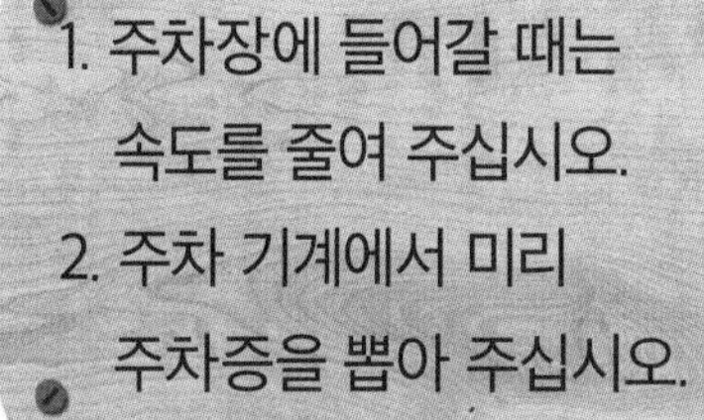

주차장을 이용하는 방법에 대한 안내문

공원

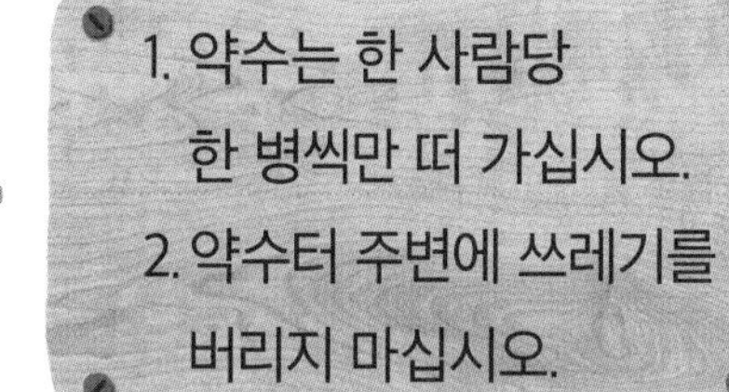

주차장

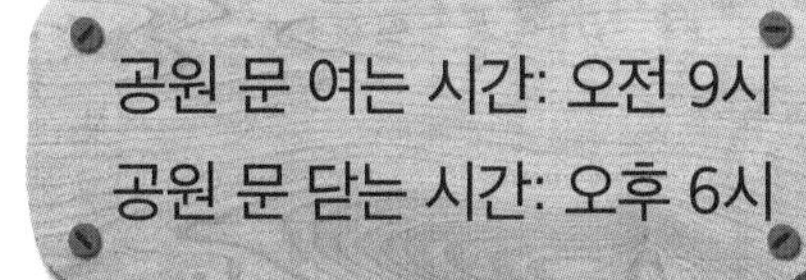

배경지식 깨우기

신문에 실린 기사가 어떻게 이루어졌는지 살펴보세요. 무엇을 알리는 기사인지 알맞은 것을 찾아 ○표 하세요.

신문은 그때그때 일어나는 일을 알려 줘.
신문에서 어떤 사실을 알리는 글을 기사라고 해.

메가 신문

2020년 11월 5일

진돗개 백동이가 새끼를 낳다

제목

어제 아침, 학교에서 진돗개 백동이가 수의사의 도움을 받아 새끼를 낳았다.

언제 / 어디서 / 누가 / 어떻게 / 무엇을 했나

수의사의 말에 따르면 백동이가 낳은 새끼는 모두 건강하며, 몸집이 크다고 한다. 학생들은 백동이를 닮아 털 색깔이 하얀 새끼들이 앞으로 학교의 자랑거리가 될 거라며 매우 기뻐하고 있다. 그동안 학생들은 매일 순서를 정해 백동이에게 직접 먹이를 주었는데, 앞으로는 새끼들의 먹이도 책임질 예정이다. 힘들지 않겠느냐는 기자의 질문에, 학생들은 입을 모아 "더 바빠지겠지만 보람도 더 클 거예요."라고 웃으며 답했다.

이대한 기자

이 기사는 (진돗개 백동이가 학교의 자랑거리라는 / 진돗개 백동이가 새끼를 낳았다는) 걸 알리는 내용이에요.

어휘 깨우기

낱말의 뜻풀이를 보고, 보기 와 같이 섞여 있는 글자들을 이용해 알맞은 낱말을 만들어 쓰세요.

보기

물에 빠진 사람의 몸을 물 위에 뜨게 하는 기구.

명 구 부 표

구명부표

위험에 빠진 사람이나 물건을 구하는 일을 하는 무리.

구 대 조

움직이는 차가 사람을 치거나 다른 차와 부딪치는 사고.

고 교 통 사

빨강, 초록, 노랑 불빛이 차례로 켜졌다 꺼졌다 하며 차나 사람에게 갈지, 멈출지를 알려 주는 장치.

등 호 신

사람이 건너다닐 수 있도록 찻길 위에 마련한 길.

단 횡 보 도

위험이 생기거나 사고가 날 염려가 없는 상태.

전 안

어린이가 물에 빠진 친구를 구하다

군
친구나 아랫사람을 친근하게 부르거나 이르는 말.

허우적거리다
손발을 마구 흔들다.

구명부표
물에 빠진 사람의 몸을 물 위에 뜨게 하는 기구.

구조대
위험에 빠진 사람이나 물건을 구하는 일을 하는 무리.

지난 8월 3일, 경기도 한탄강 계곡에서 초등학생인 박민규 *군이 물에 빠진 친구 김서준 군을 구해 사람들이 놀라고 있다.

물놀이를 하던 김서준 군은 샌들 한 짝이 물에 떠내려가는 걸 잡으려다 물에 빠졌다. 박민규 군은 물속에서 *허우적거리던 김서준 군을 발견하고 옆에 있던 *구명부표를 물속으로 던졌다. 그런 다음 김서준 군이 구명부표를 잡자, 줄을 당겨 김서준 군을 물 밖으로 끌어냈다.

신고를 받고 출동한 119 *구조대가 김서준 군을 살폈지만 김서준 군은 다친 곳이 전혀 없었다. 김서준 군이 물에 빠졌을 때 어른들은 멀리 떨어져 있어 사고가 난 사실을 몰랐다고 한다.

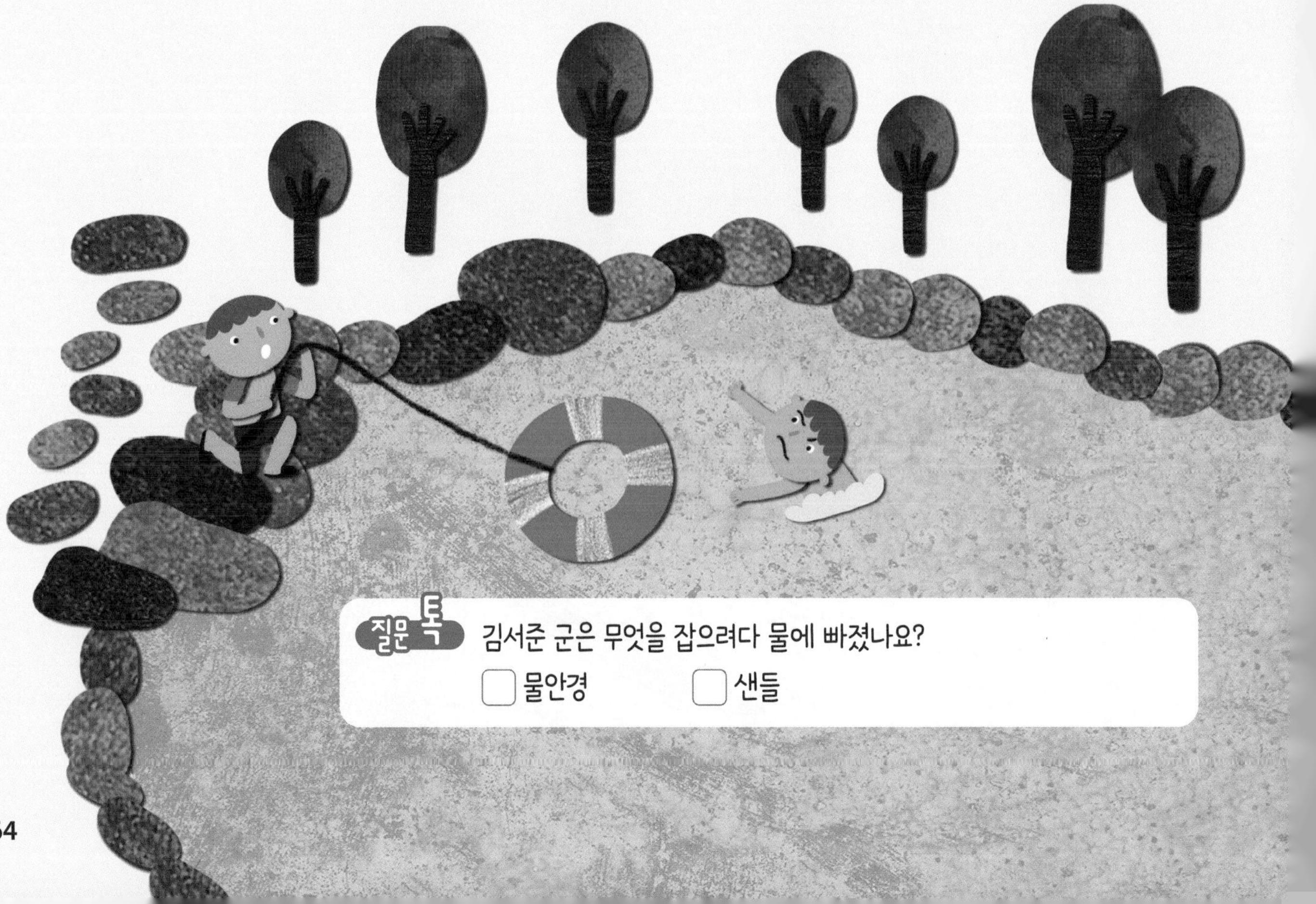

질문 톡 김서준 군은 무엇을 잡으려다 물에 빠졌나요?

☐ 물안경 ☐ 샌들

119 구조대 대원 아저씨들이
물놀이 안전 교육을……

한편 박민규 군은 어떻게 친구를 구할 수 있었느냐는 질문에 이렇게 대답했다.

"방학 전에 119 구조대 *대원 아저씨들이 학교에 와서 물놀이 *안전 교육을 해 주셨어요. 아저씨들께 배운 대로 직접 물에 뛰어들지 않고, 서준이한테 구명부표를 던졌어요. 그때 구조 방법을 친절하게 알려 주신 119 구조대 아저씨께 감사드려요."

준비된 안전 교육과 한 어린이의 침착한 행동이 친구의 목숨을 구한 것이다. 물놀이 사고가 가장 많이 일어나는 계절은 여름이다. 방학과 휴가를 맞아 강이나 바다로 사람들이 많이 몰리다 보니 그만큼 물놀이 사고의 위험도 높아진다. 실제로 어린이 물놀이 사고 세 건 중 두 건이 여름에 일어난다.

어린이 물놀이 사고를 *예방하려면 어른이 어린이를 잘 보살피고, 어린이는 안전한 물놀이 방법을 익혀 실천해야 한다. 안전한 물놀이 방법은 다음과 같다.

대원
부대나 집단에 속해 있는 사람.

안전
위험이 생기거나 사고가 날 염려가 없는 상태.

예방
질병이나 재해가 일어나기 전에 미리 대처하여 막는 일.

질문 톡 박민규 군은 어디서 안전 교육을 받았나요?

☐ 경찰서 ☐ 학교

★ 안전한 물놀이 방법 ★

❶ 몸이나 팔에 튜브를 끼고, 벗겨지거나 미끄러지지 않는 신발을 신어요.

❷ 물놀이를 하기 전에는 꼭 10분 정도 준비 운동을 해요.

❸ 안전 지킴이나 어른들이 볼 수 있는 곳에서 놀아요.

❹ 물속에 오래 있으면 몸이 차가워져 위험하니 가끔 물에서 나와요.

❺ 물에 빠진 사람을 발견했을 때는 물로 뛰어들어 구하면 안 돼요. 먼저 어른에게 도움을 요청하고, 주변에 사람이 없으면 튜브나 구명부표 등을 던져 주어야 해요.

최율 기자

질문 톡 물놀이를 하기 전 준비 운동은 얼마나 해야 하나요?

☐ 1분 ☐ 10분

내용 확인

1 기사 속 박민규 군과 김서준 군의 행동으로 알맞은 것을 줄로 이으세요.

박민규 군 •	• 떠내려가는 샌들을 잡으려다 물에 빠졌어요.
김서준 군 •	• 방학 전에 학교에서 받은 안전 교육 내용을 기억하고 물에 빠진 친구를 구했어요.

2 이 글의 특징에 대해 알맞게 설명한 것을 고르세요. (　　　)

① 있었던 사실을 있는 그대로 전달하는 글이에요.
② 하루 중 특별히 기억에 남는 일을 쓴 글이에요.
③ 내 소식을 전하거나 상대방의 안부를 묻기 위해 쓴 글이에요.
④ 책을 읽고 난 뒤 든 생각이나 느낌을 쓴 글이에요.

3 안전한 물놀이를 위해 필요한 것을 모두 골라 ○표 하세요.

축구공　　준비 운동　　튜브　　팥빙수　　줄넘기

주제 다지기

주제

이 기사를 쓴 목적이 무엇인지 찾아 ○표 하세요.

어른들에게 안전한 물놀이 방법을 알려 주려고요.

물놀이 사고를 막으려면 안전한 물놀이 방법을 잘 익혀야 한다고 알려 주려고요.

박민규 군이 물에 빠진 친구를 구해서 사람들이 놀랐다는 사실을 알려 주려고요.

순서

기사 앞부분 내용의 순서가 뒤섞였어요. 일이 일어난 순서에 맞게 빈칸에 번호를 쓰세요.

친구를 구한 박민규 군이 인터뷰 질문을 받았어요.	
박민규 군이 학교에서 물놀이 안전 교육을 받았어요.	1
119 구조대가 출동해 김서준 군을 살폈어요.	
김서준 군이 계곡에서 놀다가 물에 빠졌어요.	
박민규 군이 김서준 군에게 구명부표를 던졌어요.	

내용

기사의 내용에 맞는 것에는 ○표, 틀린 것에는 ×표 하세요.

119 구조대 대원이 김서준 군을 물에서 건졌다.

김서준 군은 떠내려가는 샌들을 잡으려다 물에 빠졌다.

박민규 군은 물놀이 안전 교육을 받았다.

물놀이 사고는 가을에 가장 많이 일어난다.

박민규 군이 물에 빠진 김서준 군을 구했다.

물놀이를 하기 전에 10분 정도 준비 운동을 해야 한다.

읽은 후

주제 다지기

정보

안전한 물놀이 방법에 대한 글을 읽고, 알맞은 것을 골라 ○표 하세요.

- 물놀이할 때는 가끔 물에서 나와야 해요.
  → 물속에 오래 있으면 몸이 [차가워져서 / 뜨거워져서] 위험해요.

- 물에 빠진 사람을 발견하면 먼저 [친구 / 어른]에게 도움을 요청해요.
  → 직접 물에 뛰어들어 구하려고 하면 나도 위험해질 수 있어요.

- 물놀이 전에는 10분 정도 준비 운동을 해요.
  → 차가운 물에 [갑자기 / 천천히] 들어가면 손과 발에 쥐가 날 수 있어요.

- 벗겨지거나 [더러워지지 / 미끄러지지] 않는 신발을 신어요.
  → 물놀이를 하다가 미끄러운 바위나 자갈을 밟아도 넘어지지 않게요.

정리

빈칸에 알맞은 말을 넣어 이 글을 정리하세요.

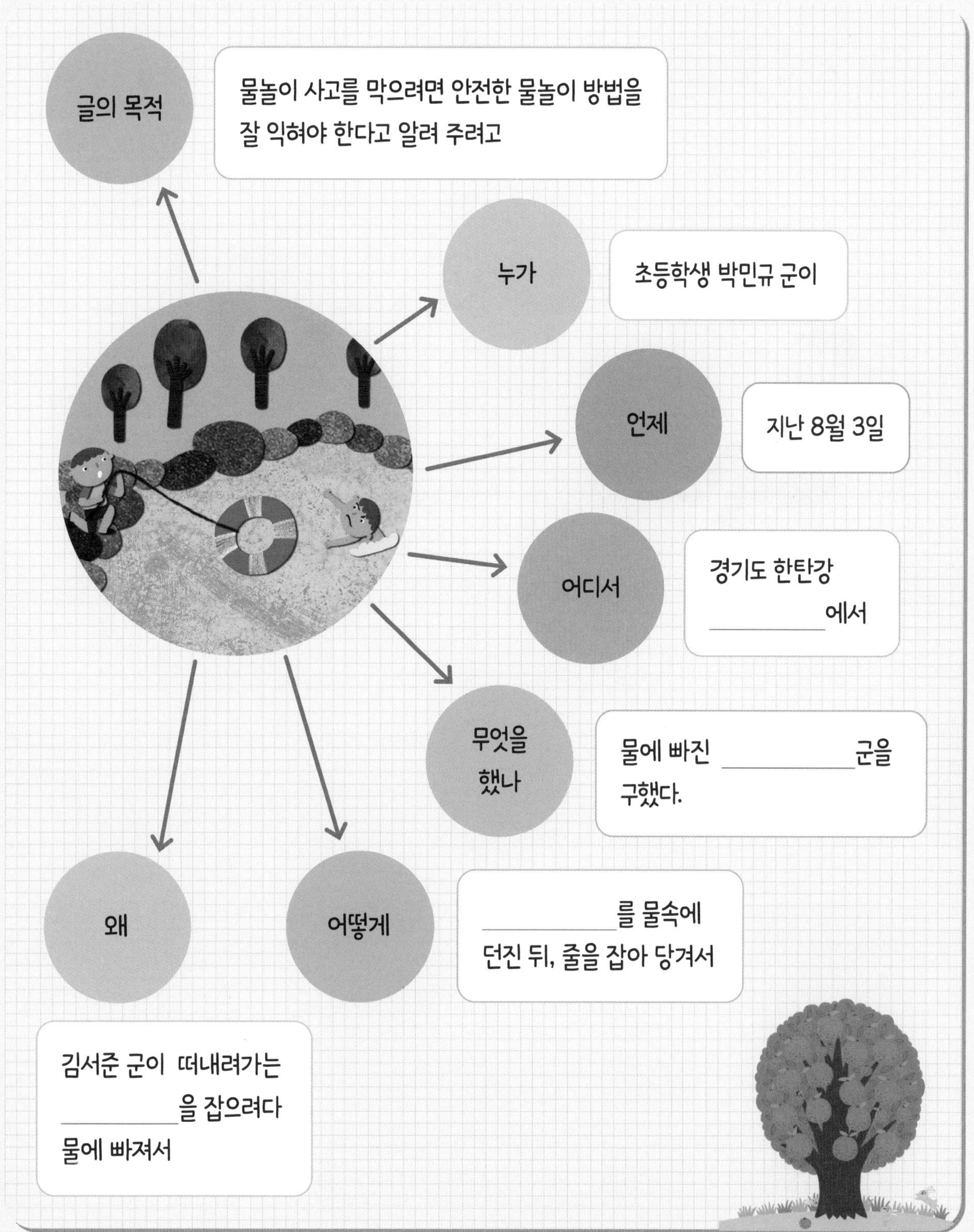

생각 글쓰기

아래 그림과 글을 보고 바닷가에서 어린이를 구한 안전 요원에 대한 기사를 쓰세요.

- 누가: 해양 안전 요원 임문규 씨
- 언제: 지난 7월 27일
- 어디서: 강원도 동해시의 해수욕장
- 무엇을 했나: 바다에 빠진 8세 소녀, 정다은 양을 구조했다.
- 어떻게: 바다에 뛰어들어 정다은 양을 물 밖으로 끌어낸 뒤 응급 처치를 했다.
- 왜: 정다은 양이 수심이 깊은 곳에서 놀다가 갑자기 파도에 휩쓸려 가서

여름철에 계곡에서 물놀이를 할 때에는 물에 빠지는 것 말고도 다양한 안전사고가 생길 수 있어요. 어떻게 위험에 대비할 수 있을지 쓰세요.

래프팅이나 다이빙 등을 하다가 돌이나 바위에 부딪혀 크게 다칠 수 있어요.

벌이나 뱀처럼 위험한 동물과 마주칠 수 있어요.

미끄러운 돌을 밟고 넘어질 수 있어요.

학교 앞 어린이 *교통사고를 줄이자

어제 오후 1시, 반달 초등학교 1학년 김민수 군이 학교 앞에 있는 횡단보도에서 교통사고를 당했다.

김민수 군은 학교 공부를 마치고 집으로 가는 길에 횡단보도의 *신호등에 녹색등이 켜지자마자 길을 건너다가 트럭에 치이는 사고를 당했다. 김민수 군은 병원으로 옮겨져 치료를 받았다. 의사는 김민수 군이 3주 동안 다리에 *깁스를 해야 한다고 말했다.

같은 반 정진영 군은 민수가 좋아하는 축구를 당분간 하지 못하게 됐다며 마음 아파했다. 그리고 민수가 사고를 당한 것은 신호등이 바뀌었는데도 차를 멈추지 않고 달린 어른의 책임이라며 화를 냈다.

교통사고
움직이는 차가 사람을 치거나 다른 차와 부딪치는 사고.

신호등
빨강, 초록, 노랑 불빛이 차례로 켜졌다 꺼졌다 하며 차나 사람에게 갈지, 멈출지를 알려 주는 장치.

깁스
뼈나 관절, 인대 등에 병이나 상처가 생겼을 때, 아픈 부위를 고정하기 위해 감는 단단한 붕대.

김민수 군은 어디를 다쳤나요?

☐ 다리 ☐ 팔

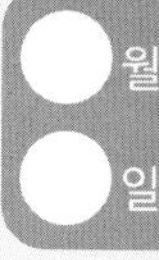

우리나라에서는 1995년부터 등·하굣길 어린이들의 안전을 지켜 주기 위해 스쿨 존(어린이 보호 구역) 제도를 실시하고 있다. 스쿨 존 제도는 교문 앞 300~500미터 내에서는 자동차가 *시속 30킬로미터를 넘지 않게 천천히 달리도록 한 것이다.

시속
한 시간을 단위로 잰 속도. 대개 한 시간 동안 나아간 거리로 나타낸다.

그러나 자동차를 운전하는 사람 네 명 중 세 명은 스쿨 존에 대해 들어는 봤지만 내용은 잘 모른다고 대답했다. 실제로 어린이 교통사고의 80퍼센트는 학교 주변 1킬로미터 내에서 일어난다. 좋은 제도가 있어도 제대로 알거나 지키는 사람이 많지 않은 것이 큰 문제이다. 앞으로는 운전자가 스쿨 존 제도를 잘 지키도록 교육하고 어린이도 교통안전 규칙을 알아 두는 일이 일이 필요하다. 다음은 교통안전을 위해 어린이가 꼭 지켜야 할 일이다.

스쿨 존은 무엇을 위한 것인가요?

☐ 학교 안 어린이의 안전　　☐ 등·하굣길 어린이의 안전

★ 교통안전을 위해 어린이가 꼭 지켜야 할 일 ★

인도
사람이 지나다니는 데 사용하도록 만든 도로.

❶ 학교에서 나올 때는 갑자기 길로 뛰어들지 않아요.

❷ 길을 걸을 때는 *인도로 걷고, 인도가 없으면 길 가장자리로 걸어요.

❸ 횡단보도가 아닌 곳에서는 길을 건너지 않아요.

❹ 길을 다닐 때는 뛰지 말고 천천히 걸어요.

❺ 길을 건널 때는 우선 멈춘 다음, 자동차가 멈춘 것을 확인해요. 손을 들고, 운전자와 눈을 맞추며 건너요.

❻ 길을 건널 때 손을 드는 것은 "먼저 건너갈 테니 멈추세요."라는 표시예요. 처음에는 왼손을 들고, 반을 건넌 뒤에 오른손을 들어요.

❼ 교통안전 표지판이 어떻게 생겼는지 꼭 알아 두어요.

최성아 기자

보행자 전용 도로

횡단보도

통행금지

자동차 전용 도로

어린이 보호 구역

자전거 전용 도로

자전거 통행금지

위험

길을 건널 때 처음에는 어느 손을 들어야 하나요?

☐ 왼손 ☐ 오른손

내용 확인

1 이 글의 주제로 알맞은 말을 보기에서 찾아 ○표 하세요.

보기

횡단보도　　표지판　　교통안전　　운전자　　축구　　스쿨 존

2 이 기사를 쓴 목적은 무엇인가요? 알맞은 것을 찾아 □ 안에 ✓표 하세요.

학교 앞 어린이 교통사고를 줄여야 한다는 것을 알리려고	
교통사고로 다친 어린이가 아프다는 것을 알리려고	
우리나라에 스쿨 존 제도가 없다는 것을 알리려고	

3 김민수 군이 사고를 당한 이유는 무엇인지 고르세요. (　　　)

① 김민수 군이 빨간불에 길을 건너려고 해서

② 횡단보도에 떨어진 축구공을 주우려고 해서

③ 신호등이 바뀌었는데도 운전자가 차를 멈추지 않아서

④ 운전자가 스쿨 존 제도를 몰라서

주제 다지기

내용

기사를 읽고, 기사의 내용과 다르게 말한 친구를 모두 찾아 ×표 하세요.

내용

기사를 읽고, 스쿨 존과 교통안전에 대한 설명이 바르게 쓰인 것을 따라 줄을 그어 길을 찾으세요.

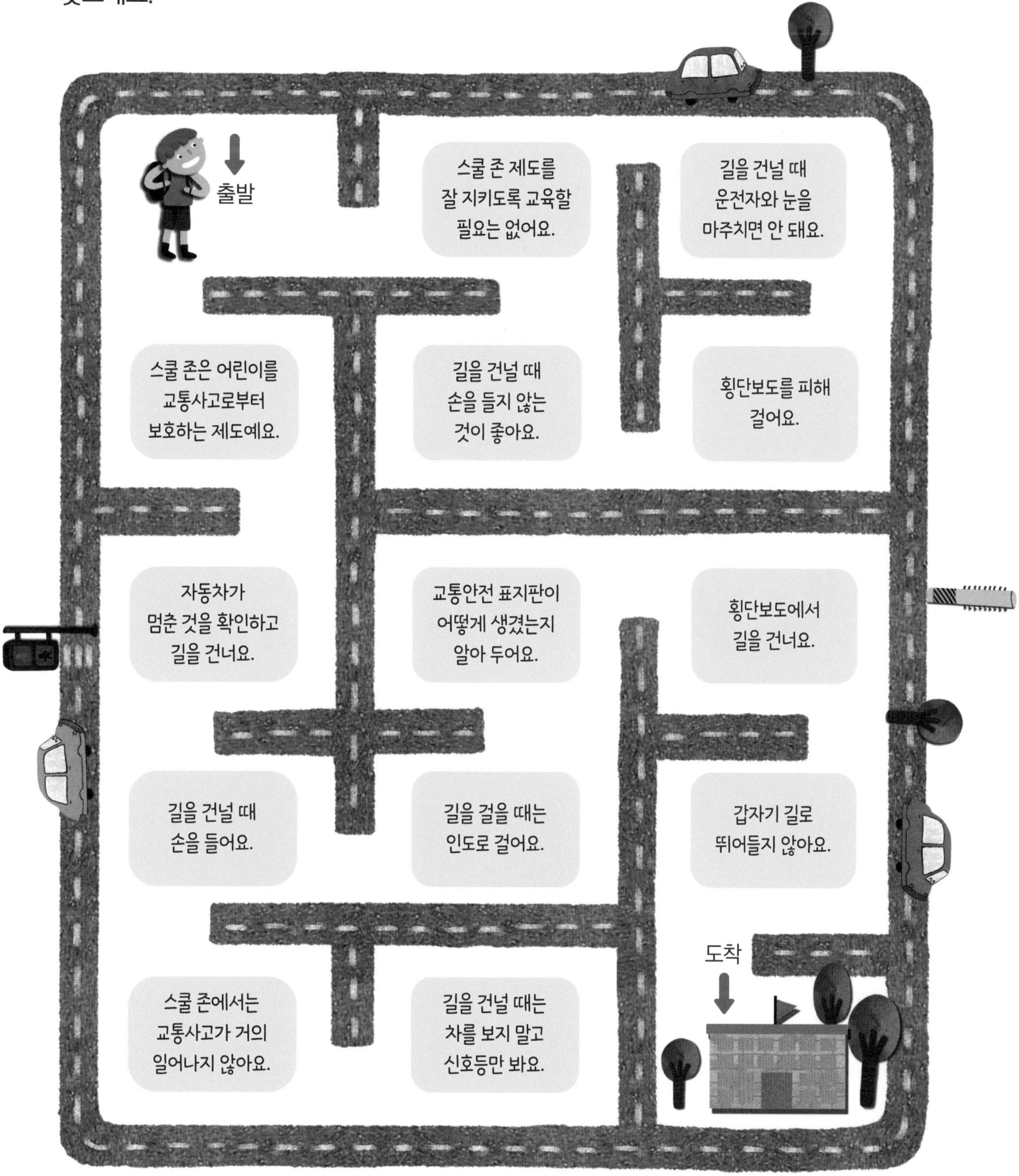

출발

스쿨 존 제도를 잘 지키도록 교육할 필요는 없어요.

길을 건널 때 운전자와 눈을 마주치면 안 돼요.

스쿨 존은 어린이를 교통사고로부터 보호하는 제도예요.

길을 건널 때 손을 들지 않는 것이 좋아요.

횡단보도를 피해 걸어요.

자동차가 멈춘 것을 확인하고 길을 건너요.

교통안전 표지판이 어떻게 생겼는지 알아 두어요.

횡단보도에서 길을 건너요.

길을 건널 때 손을 들어요.

길을 걸을 때는 인도로 걸어요.

갑자기 길로 뛰어들지 않아요.

도착

스쿨 존에서는 교통사고가 거의 일어나지 않아요.

길을 건널 때는 차를 보지 말고 신호등만 봐요.

주제 다지기

정보

교통안전 표지판을 보고 떠올린 반응으로 알맞은 것에 ○표 하세요.

보행자 전용 도로

- 보행자 전용 도로는 보행자만 이용할 수 있어.
- 차가 아닌 자전거나 킥보드는 보행자 전용 도로에 들어갈 수 있어.

통행금지

- 더 가면 위험할지도 몰라. 다른 길로 가자!
- 왜 통행을 막았는지 궁금해. 한번 가 보자. 조심하면 되지 뭐.

어린이 보호 구역

- 어린이 보호 구역은 언제나 안전해. 안심해도 좋아!
- 학교에 안 가는 날은 차가 빨리 달릴 수도 있구나. 조심해야지!

정리

빈칸에 알맞은 말을 넣어 이 글을 정리하세요.

글의 목적

모두 함께 노력해 학교 앞 ______를 줄여야 한다고 알리려고

일어난 일

- 누가: 반달 초등학교 1학년 ______군이
- 언제: 학교 공부를 마치고 ______
- 어디서: 학교 앞 ______에서
- 무엇을 했나: 교통사고를 당했다.
- 어떻게: 길을 건너다가
- 왜: ______이 바뀌었는데도 차가 멈추지 않아서

문제점

등 · 하굣길 어린이의 안전을 위해 ______ 제도가 실시되지만, 대부분의 사람들은 잘 모르거나 알면서도 잘 지키지 않는다.

해결 방법

1. ______가 스쿨 존 제도를 잘 지키도록 더 교육하는 일이 필요하다.
2. 어린이도 ______ 규칙들을 알아 두고, 스스로 지켜야 한다.

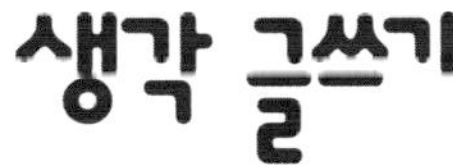

생각 글쓰기

민수는 녹색등이 켜지자마자 횡단보도를 건너다가 교통사고를 당했어요. 나라면 그때 어떻게 했을지 쓰세요.

어린이 교통사고를 줄이려면 모두 함께 노력해야 해요. 교통안전을 위한 표어를 만들어 빈칸에 쓰세요.

한 친구가 학교 앞 횡단보도에서 있었던 일을 말했어요. 이 친구에게 해 주고 싶은 말을 빈칸에 쓰세요.

오늘 친구들이 횡단보도에서 달리기 경주 하는 것을 보았어. 달리기라면 나도 자신 있지! 내일 나도 달리기 경주에 참가해야겠어.

안 돼. 그러면 너도 위험해.

나라면 ______________________

____

학교 앞 길에 세워질 안전 표지판이에요. 어떤 내용이 들어가면 좋을지 빈칸에 쓰세요.

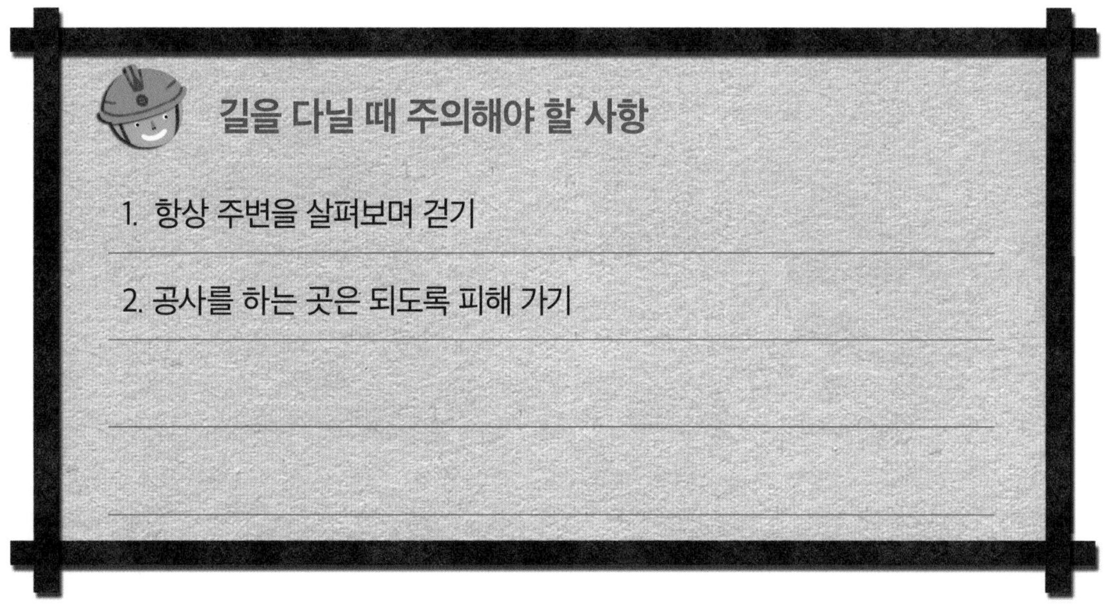

스스로 평가하기  

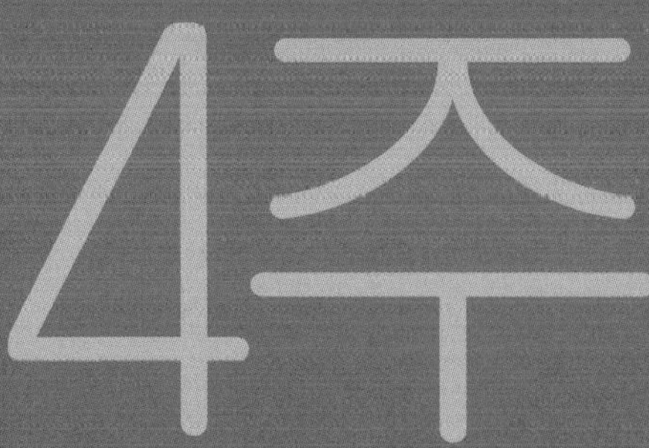

4주

갈래 편지 / 생활문

제목
- 엄마께 드리는 편지
- 나에게 생긴 다섯 가지 일

한 뼘 자란 나를 만나요

교과 연계 1-2 <하루> 내가 보낸 하루

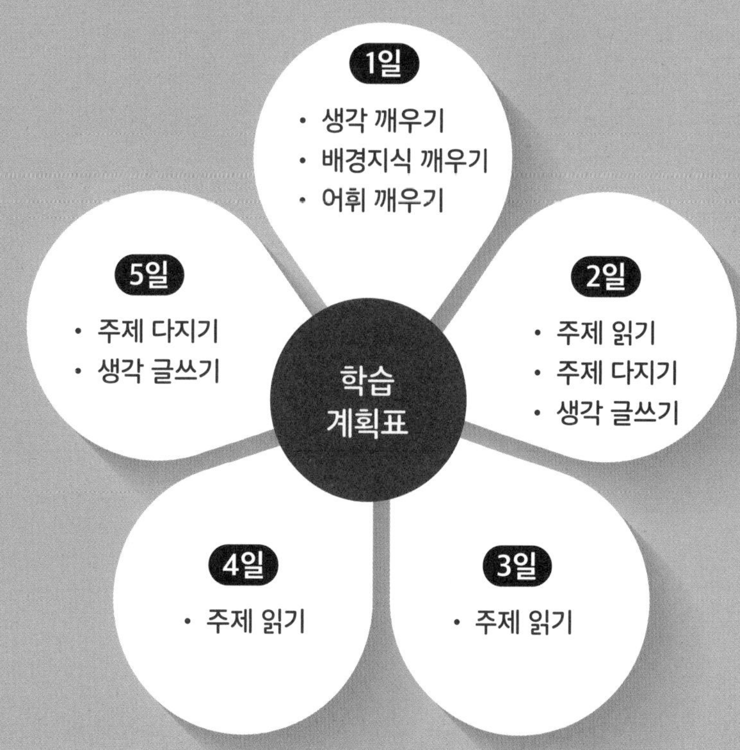

읽기 전

생각 깨우기

올 한 해 우리 학교에서는 어떤 일이 생길까요? 참여하고 싶은 일을 모두 찾아 ○표 하세요.

방학식

운동회

대청소

공개 수업

학급 잔치

현장 체험 학습

입학식

알뜰 장터

학예회

글짓기 대회

작품 전시회

독후감 대회

수학 경시대회

졸업식

올 한 해 동안 꼭 하고 싶은 일이 있나요? 어떤 일을 하고 싶은지와 그 까닭을 함께 쓰세요.

배경지식 깨우기

초등학교에 입학하거나 학년이 올라가면 달라지는 것이 많아요. 빈칸에 똑같이 들어갈 말을 보기 에서 찾아 쓰세요.

보기

새로운　　비싼　　무거운　　착한

(　　　　　)
친구들을 만나요.

(　　　　　)
교실에서 공부해요.

(　　　　　)
시간표로 공부해요.

(　　　　　)
교과서로 공부해요.

(　　　　　)
담임 선생님과 공부해요.

어휘 깨우기

그림과 낱말의 뜻풀이를 보고, 낱말이 완성되도록 빈칸에 알맞은 글자를 보기 에서 찾아 쓰세요.

보기

회 비 번 집 관 예

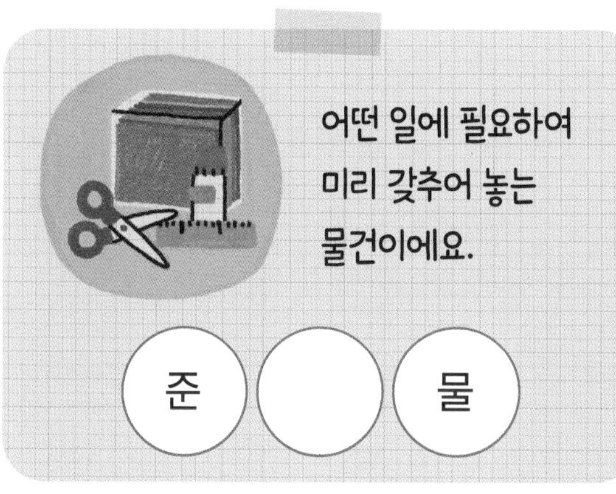

어떤 일에 필요하여 미리 갖추어 놓는 물건이에요.

준 ( ) 물

어떤 것에 관심을 갖고 자세히 살펴보는 거예요.

( ) 찰

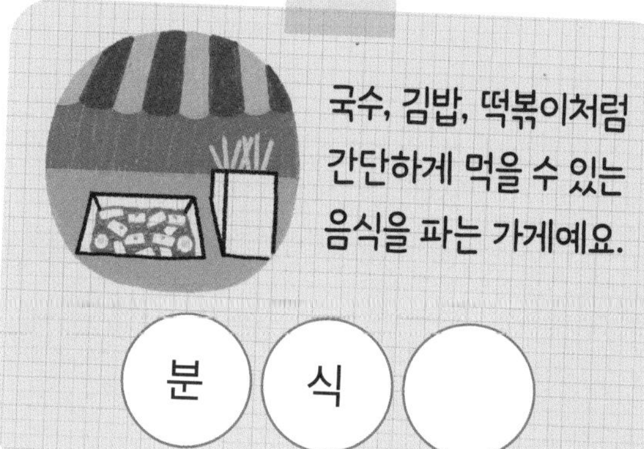

국수, 김밥, 떡볶이처럼 간단하게 먹을 수 있는 음식을 파는 가게예요.

분 식 ( )

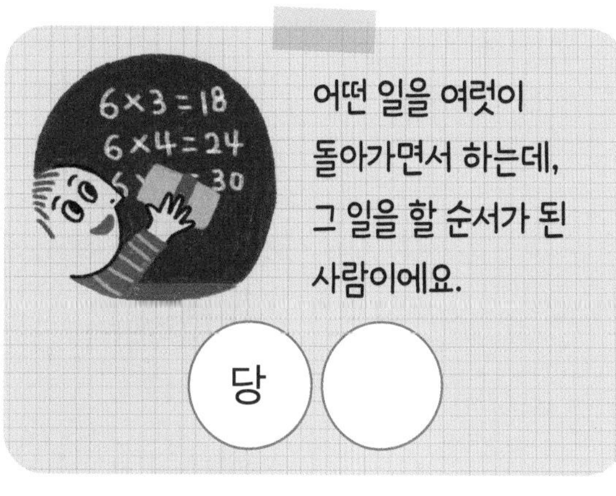

어떤 일을 여럿이 돌아가면서 하는데, 그 일을 할 순서가 된 사람이에요.

당 ( )

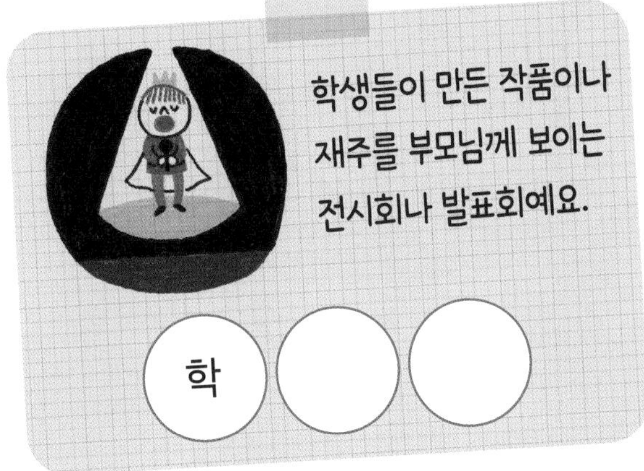

학생들이 만든 작품이나 재주를 부모님께 보이는 전시회나 발표회예요.

학 ( ) ( )

엄마께 드리는 편지

사랑하는 엄마께

엄마, 아까 짜증 부려서 죄송해요. 오늘이 겨울 방학 하는 날이라 친구 집에서 놀고 싶었는데, 엄마가 안 된다고 해서 속상했어요. 그래서 엄마께 투덜거리고 고집을 부렸어요. 가끔 오늘처럼 엄마가 내 맘을 몰라줄 때는 많이 속상해요. 다음에는 내 이야기도 꼭 들어주세요.

가끔 속상할 때도 있지만 엄마가 미운 건 절대 아니에요. 난 언제나 엄마를 사랑해요. 엄마가 날 사랑하는 것도 잘 알아요. 내가 건강하게 자라는 건 엄마가 나를 잘 돌봐 준 덕분이잖아요. 내가 아플 때 가장 걱정하며 *간호해 주는 사람도 엄마고요.

지난봄에 내가 독감에 걸려 열이 펄펄 났을 때, 엄마는 밤새 한숨도 못 잤잖아요. 내 머리에 찬 수건을 올려 주고, 몸도 닦아 주고, 꼭 안아 줘서 정말 감사해요. 엄마가 아팠을 때 나는 쿨쿨 자기만 했는데……. 다음에 엄마가 아프면 내가 꼭 간호해 줄게요.

간호
다쳤거나 병이 있는 환자나 노약자를 보살피고 돌보는 일.

질문톡 무슨 병에 걸렸을 때 엄마가 밤새 간호해 주었나요?

☐ 독감 ☐ 배탈

내가 엄마께 편지를 쓴 건 부탁이 있어서예요. 엄마가 회사를 다녀서 바쁘지만, 내년에는 가족 여행을 더 자주 가면 좋겠어요. 난 엄마랑 같이 있는 시간이 가장 좋거든요.

올여름에 바닷가로 놀러 갔을 때 정말 신났어요. 엄마, 아빠랑 튜브 타고 바닷물에서 헤엄치고, *갯벌에서 게도 잡고 조개도 캤던 일이 가장 기억나요. 가을에 숲속에서 텐트를 치고 캠핑한 것도 즐거웠어요. 숯불에 고기랑 소시지 구워 먹은 것도 재미있었고, 밤에 온 가족이 누워서 별을 바라볼 때는 정말 행복했어요.

내년에는 다 같이 벚꽃 구경도 가고, 딸기도 따고, 도자기도 만들고, *철새 구경도 가면 좋겠어요.

갯벌
밀물 때는 물에 잠기고 썰물 때는 물 밖으로 드러나는 바닷가의 진흙땅.

철새
계절에 따라 이리저리 옮겨 다니며 사는 새.

엄마께 무엇을 부탁했나요?

☐ 가족 여행 자주 가기 ☐ 요리 만들기

이제부터 나도 더 예쁜 딸이 되도록 노력할게요. 귀여운 동생 준하를 더 많이 예뻐해 주고, 준하와 더 많이 놀아 줄 거예요. 준하가 얄밉고 귀찮을 때도 있지만, 준하가 없으면 진짜 심심하니까요.

*준비물과 숙제도 빼먹지 않도록 꼼꼼하게 챙기고, 내가 쓴 물건은 바로바로 정리할게요. 책도 더 많이 읽고, 글씨도 더 *또박또박 쓸게요. 툭 하면 눈물부터 뚝뚝 흘리는 버릇도 고칠 거예요.

엄마, 늘 나를 응원해 주세요!

준비물
어떤 일에 필요하여 미리 갖추어 놓는 물건.

또박또박
말이나 글씨 등이 조리 있고 또렷한 모양.

12월 26일

엄마의 예쁜 딸, 해민 올림

질문 톡 내년에는 동생 준하를 어떻게 한다고 했나요?

☐ 예뻐한다고 ☐ 귀찮아한다고

내용 확인

1 해민이가 엄마께 편지를 쓴 이유로 알맞은 것을 찾아 ○표 하세요.

봄 방학이 시작되었음을 알려 주려고	가족 여행을 더 자주 가자고 부탁하려고	툭하면 눈물을 흘리는 이유에 대해 설명하려고

2 이 글의 내용과 다른 것을 고르세요. (   )

① 오늘은 겨울 방학하는 날이에요.

② 해민이는 독감에 걸린 엄마를 간호했어요.

③ 올여름 해민이네 가족은 바닷가로 놀러 갔어요.

④ 해민이는 내년에 준하를 더 잘 돌보겠다고 다짐했어요.

3 다음 상황에서 해민이가 느낀 감정으로 알맞은 것을 찾아 줄로 이으세요.

엄마가 내 맘을 몰라줄 때 ●		● 정말 신나!
여름에 바닷가로 놀러 갔을 때 ●		● 너무 속상해.

주제 다지기

내용

해민이네 가족은 올해 여행을 가서 무엇을 했나요? 설명이 맞으면 ○표, 틀리면 ×표 하세요.

벚꽃 구경하기

텐트 치고 캠핑하기

갯벌에서 게 잡고, 조개 캐기

밤에 누워서 별 바라보기

철새에게 먹이 주기

생각 글쓰기

요즘 어떤 친구와 친하게 지내나요? 그 친구에게 고맙거나 미안했던 일을 떠올려 보고 마음을 담아 편지를 쓰세요.

연필이 부러졌을 때
빌려줘서 정말 고마워.
다음에 나도 빌려줄게.

비 오는 날, 나 혼자만
우산 쓰고 가서 미안해.
다음에는 같이 쓰자.

네가 방귀 뀌었을 때
친구들 앞에서 큰 소리로
웃어서 미안해.

내가 팔을 다쳤을 때
가방을 들어 주고,
교실 문도 열어 줘서
고마워.

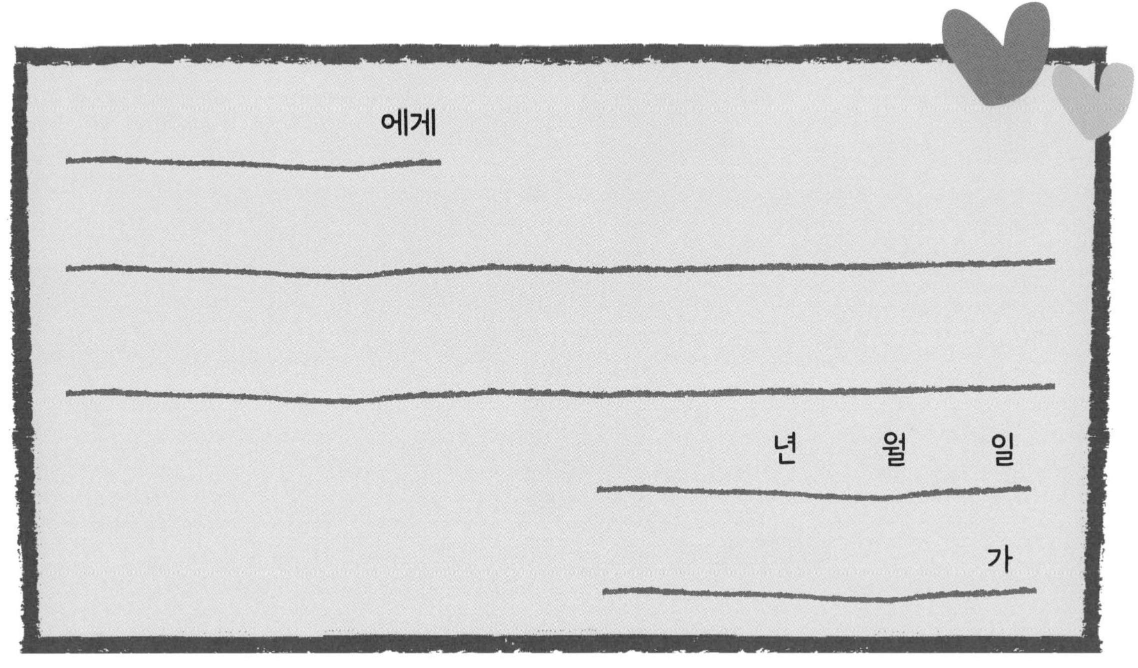

나에게 생긴 다섯 가지 일

내 이름은 정진우이고, 오늘은 올해의 마지막 날이다. 올 한 해를 *곰곰 생각해 보니 특별한 일이 많았다. 아마 초등학교에 입학했기 때문인 것 같다.

학교생활에서 기억에 남는 일 중 하나는 4월에 곤충 박물관으로 현장 *체험 학습을 다녀온 것이다. 나는 *관찰하는 걸 좋아한다. 그래서 다양한 곤충이 있는 박물관에 가니 신이 났다. 곤충 박물관에서 나비, 사마귀, 메뚜기, 잠자리 등 온갖 살아 있는 곤충을 보았다. 특히 누에는 생긴 건 징그러웠지만, 누에고치에서 우리가 쓰는 실을 뽑아낸다는 사실이 신기했다. 내년에도 박물관으로 현장 체험 학습을 가면 좋겠다.

곰곰
여러 방면으로 깊이 생각하는 모양.

체험 학습
교실 밖에서 체험을 중심으로 이루어지는 학습 활동.

관찰
어떤 것에 관심을 갖고 자세히 살펴보는 것.

질문톡 무슨 박물관으로 현장 체험 학습을 갔나요?

☐ 곤충 ☐ 공룡

6월에 알뜰 시장을 했던 날도 기억난다. 기절할 만큼 깜짝 놀랄 일이 있어서이다. 그날은 내가 안 쓰는 딱지랑 장난감을 팔아 처음으로 돈을 벌었다. 그 돈으로 단짝 친구 영준이랑 학교 앞 *분식집에서 떡볶이를 사 먹었다. 분식집 앞을 지날 때마다 먹고 싶었는데, 드디어 내가 번 돈으로 사 먹게 된 것이다.

기쁜 마음으로 쫄깃한 떡을 *덥석 물었는데, 계속 흔들리던 앞니가 쑥 빠져 버렸다. 그런데 *얼떨결에 떡과 함께 앞니를 꿀꺽 삼켰다. 깜짝 놀라 집으로 달려가 엄마에게 말했더니 똥으로 나올 거라고 하셨다. 그래서 그날은 계속 똥을 누려고 화장실을 들락거렸다. 정말 앞니가 똥으로 나왔는지는 모르겠다.

분식집
국수, 김밥, 떡볶이처럼 간단하게 먹을 수 있는 음식을 파는 가게.

덥석
왈칵 달려들어 빠르게 물거나 움켜잡는 모양.

얼떨결
뜻밖의 일을 갑자기 당하거나, 여러 가지 일이 너무 복잡하여 정신을 가다듬지 못하는 판.

질문 톡 알뜰 시장에서 번 돈으로 무엇을 사 먹었나요?

- [ ] 떡볶이
- [ ] 짜장면

공개 수업
학교 수업을 학부모 등 다른 사람에게 공개하는 일.

조마조마하다
앞으로 생길 일이 걱정되어 마음이 불안하다.

9월에 *공개 수업을 하던 날은 정말 마음이 *조마조마했다. 부모님들이 우리가 수업하는 모습을 보러 오는 날이기 때문이다. 많은 부모님이 교실 뒤쪽에 서서 우리를 지켜보았다.

수업 내용은 '나의 꿈'에 대해 생각해 보는 거였다. 미래의 자기 모습을 그린 뒤, 한 명씩 앞으로 나가 발표를 했다. 내 차례가 되자 가슴이 터질 것처럼 쿵쾅거렸다. 이렇게 많은 사람 앞에서 발표를 하는 게 너무 부끄러웠다. 책상 밑으로 숨고만 싶었다.

그때 엄마와 눈이 마주쳤는데, 엄마가 엄지손가락을 번쩍 치켜들며 날 응원해 주었다. 난 용기를 내어 "내 꿈은 경찰관입니다." 라고 큰 소리로 발표를 했다. 부끄러움을 이겨 낸 내가 정말 자랑스러웠다.

질문 톡 내 꿈은 무엇이라고 발표했나요?

☐ 경찰관 ☐ 선생님

내용 확인

1 이 글의 제목을 새로 짓는다면 무엇이 좋을지 알맞은 것을 고르세요. ( )

① 내 꿈은 경찰관입니다

② 올해 나의 학교생활

③ 학교에서 생긴 무서운 일

④ 나의 곤충 관찰기

2 진우가 말한 '기절할 만큼 깜짝 놀랄 일'은 무엇인가요? 알맞은 것에 ○표 하세요.

곤충 박물관에 가서 징그러운 누에를 본 일	
영준이와 분식집에서 떡볶이를 먹다가 앞니를 삼킨 일	
공개 수업이 있던 날, 많은 사람 앞에서 꿈을 발표한 일	

3 공개 수업을 하던 날 진우는 마음이 조마조마했다고 했습니다. '조마조마하다'와 바꾸어 쓸 수 있는 말은 무엇인지 고르세요. ( )

① 불안하다

② 행복하다

③ 평온하다

④ 심심하다

당번
어떤 일을 어렷이 돌아가면서 하는데, 그 일을 할 순서가 된 사람.

학교를 다니는 동안 기쁜 일만 있었던 것은 아니다. 슬픈 일도 있었다. 우리 반은 운동장 한구석에 토끼장을 만들어 놓고 토끼 두 마리를 키웠다. *당번을 정해서 토끼에게 먹이랑 물을 주고, 청소도 했다.

비가 내리거나 너무 더운 날에는 토끼가 아프지 않도록 교실에 데려다 놓기도 했다. 우리 반 친구들은 학교에 오면 가장 먼저 토끼에게 인사를 하러 갈 정도였다. 그런데 11월이 되었을 때, 토끼가 기운이 없어 보였다. 당근도 잘 안 먹고, 잘 움직이지도 않았다.

며칠이 지나자 토끼가 보이지 않았다. 선생님께 여쭤 보니 토끼를 더 편안한 곳으로 보냈다고 했다. 토끼가 보고 싶어서 펑펑 울었다. 토끼가 잘 크고 있을지 궁금하다.

질문톡 토끼와 왜 헤어졌나요?

☐ 토끼가 아파서　　☐ 토끼가 다 자라서

여러 일 중에서 가장 기억에 남는 건 12월의 *학예회다. 우리는 반별로 한 가지씩 장기 자랑을 하기로 했다. 1반은 연극, 2반은 리코더 *합주, 3반은 난타 공연, 4반은 노래에 맞춰 춤추기, 우리 반인 5반은 노래에 맞춰 수화 공연을 하기로 했다.

친구들은 내가 우리 반에서 노래를 가장 잘한다며 나에게 대표로 노래를 부르라고 했다. 난 남들 앞에 서면 얼굴이 빨개지고 가슴이 쿵쾅거리는 성격이라 걱정이 되었지만, 멋진 모습을 보여 주고 싶어서 열심히 연습을 했다.

학예회 날, 조금 떨긴 했지만 틀리지 않고 공연을 잘 마쳤다. 공연을 본 사람들이 수화도 멋지고, 내 노래도 좋았다고 모두 칭찬해 주었다.

학예회
학생들이 만든 작품이나 재주를 부모님께 보이는 전시회나 발표회.

합주
두 가지 이상의 악기로 동시에 연주하는 것.

질문톡 우리 반은 학예회에서 무슨 공연을 했나요?

☐ 수화 공연 ☐ 난타 공연

한 해 동안 있었던 일을 떠올리다 보니 내가 예전보다 많이 용감해진 것 같아 뿌듯하다. 난 겁이 많아서 지금까지 하지 못하는 일이 많았다.

내년에도 용기를 내어 여러 가지 일에 도전하고 싶다. 우선 아직까지 타지 못하는 두발자전거를 꼭 배워야겠다. 겨울 방학에는 스케이트도 타고, 검도도 배울 거다. 텔레비전 보는 시간은 줄이고, 밖에 나가 운동하는 시간은 늘려야겠다.

그리고 지금까지는 단짝 친구 영준이랑만 어울려 놀았지만, 내년에는 새로운 친구들을 더 많이 사귀려고 노력할 거다.

정진우, 파이팅!

질문 톡 내년에는 무엇을 꼭 배우겠다고 했나요?

☐ 두발자전거 ☐ 태권도

내용 확인

1 이 글의 내용과 맞으면 ○표, 틀리면 ✕표를 하세요.

진우는 매일 학교에 가서 토끼에게 먹이랑 물을 줬어요.	
학예회에서 진우네 반은 노래에 맞춰 춤추기를 했어요.	
친구들이 진우에게 반 대표로 노래를 부르라고 했어요.	
진우는 내년에 두발자전거와 스케이트, 검도를 배우려고 해요.	

2 이 글의 특징으로 가장 알맞은 설명은 무엇인지 고르세요. (　　　)

① 책을 읽은 뒤 책의 내용과 자신의 생각이나 느낌을 쓴 글이에요.
② 여행하면서 경험한 것과 그때 느낀 것들을 정리한 글이에요.
③ 새로운 사실을 전하기 위해 특정한 주제와 관련된 사실을 모은 글이에요.
④ 한 해 동안 겪은 일 중에서 특히 인상 깊었던 일을 쓴 글이에요.

3 를 보고, 학예회가 끝난 뒤 진우가 느꼈을 감정으로 옳은 것에 모두 ○표 하세요.

보기

서운함　　슬픔　　뿌듯함　　실망스러움　　자랑스러움

주제 다지기

주제

이 글은 무엇에 대해 쓴 건가요? 바르게 말한 친구를 찾아 ○표 하세요.

인물

이 글을 쓴 정진우는 어떤 친구일까요? 정진우에 대해 바르게 말한 것을 모두 찾아 ○표 하세요.

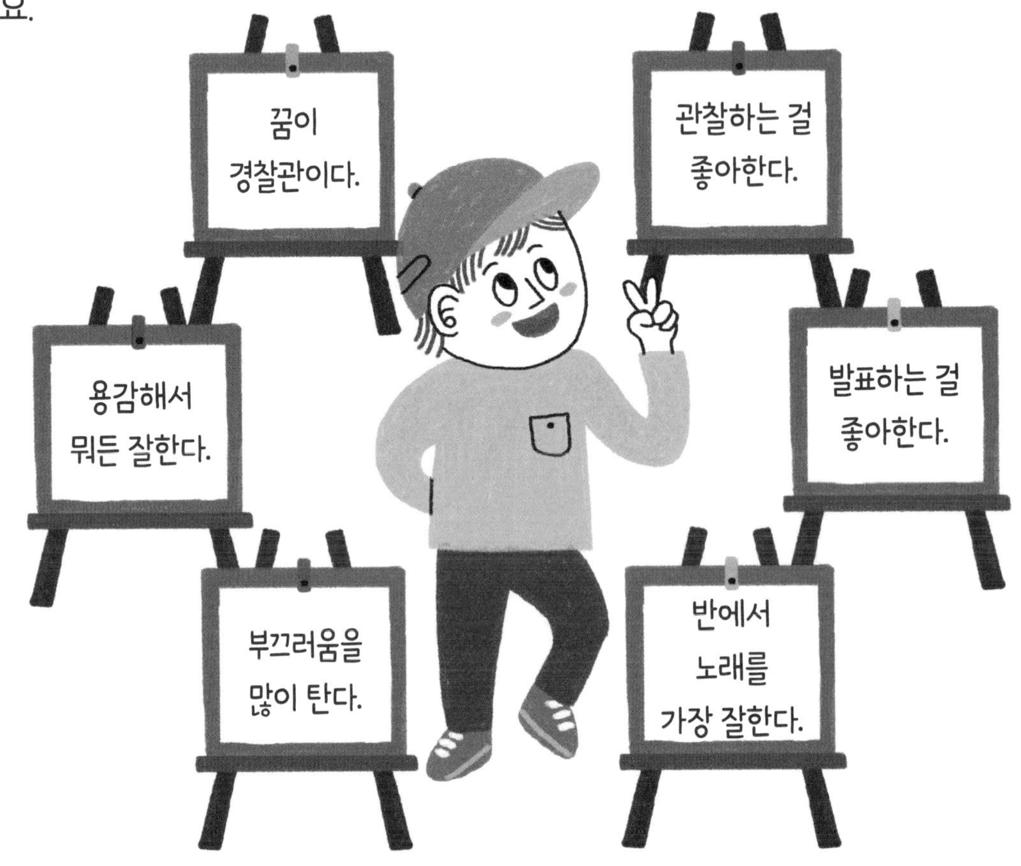

내용

정진우가 한 해 동안 한 일을 정리했어요. 설명이 맞으면 빈칸에 ○표, 틀리면 ×표 하세요.

곤충 박물관에 갔을 때 사마귀가 가장 신기했어요. [ ]

알뜰 시장에서 안 쓰는 물건을 팔아 돈을 벌었어요. [ ]

떡볶이를 씹지 않고 삼켜 배탈이 났어요. [ ]

공개 수업 때 엄마가 파이팅이라고 큰 소리로 외쳤어요. [ ]

토끼에게 물도 주고, 토끼장 청소도 했어요. [ ]

학예회 때 노래에 맞춰 춤을 췄어요. [ ]

학예회 때 반 대표로 노래를 불렀어요. [ ]

주제 다지기

순서

한 해 동안 있었던 일의 순서가 뒤섞였어요. 일이 일어난 순서에 맞게 빈칸에 번호를 쓰세요.

1 현장 체험 학습으로 곤충 박물관에 갔어요.

( ) 떡볶이를 먹다가 흔들리던 앞니를 함께 삼켰어요.

( ) 공개 수업에서 나의 꿈을 발표했어요.

( ) 우리 반에서 기르던 토끼가 아파서 토끼와 헤어졌어요.

( ) 알뜰 시장에서 물건을 팔아 돈을 벌었어요.

6 학예회에서 수화 공연을 할 때 노래를 불렀어요.

정리

빈칸에 알맞은 말을 넣어 이 글을 정리하세요.

내년

__________를 내어
여러 가지 일에
도전하고 싶어요.

4월

곤충 박물관으로
__________을
가서 좋았어요.

12월

학예회에서 수화 공연을
할 때 우리 반 대표로
__________를
불렀어요.

6월

__________에서 번
돈으로 떡볶이를 사 먹다가
앞니를 삼켜
깜짝 놀랐어요.

11월

기르던 __________가
아파서 다른 곳으로 갔어요.
슬퍼서 펑펑 울었어요.

9월

__________ 때
부끄러웠지만 용기를 내서
'나의 꿈'을 발표했어요.

읽은 후

생각 글쓰기

지금까지 나의 학교에서는 어떤 일이 있었나요? 가장 기억에 남는 일을 세 가지 쓰세요.

현장 체험 학습

날짜: 6월 15일
장소: 고구마 농장

신나는 가을 운동회

날짜: 10월 20일
장소: 학교 운동장

쿵짝쿵짝 학예회

날짜: 11월 8일
장소: 대강당

가장 기억에 남는 일

① ______________________

② ______________________

③ ______________________

지금까지의 생활을 되돌아보고, 일 년 전보다 더 잘하게 된 것과 앞으로 더 잘하고 싶은 것을 쓰세요.

나는 ______________________

____

____

앞으로는 ______________________

____

____

스스로 평가하기  

글쓰기 비법

어휘
- 비슷한말
- 학교와 관련된 낱말

문법
- '무엇을'이 들어 있는 문장

글쓰기
- 일기

만화를 보면서, 비슷한말이 무엇인지 알아보세요.

머리에 쏙

'비슷한말'은 뜻이 서로 비슷하여 문장에서 바꿔 써도 그 뜻이 달라지지 않는 말을 가리켜요.
예 친구 = 동무

왼쪽 낱말과 비슷한말을 찾아 줄로 이으세요.

밑줄 친 낱말과 비슷한말을 찾아 (　) 안에 번호를 쓰세요.

❶ 우리 가족은 모두 네 명이에요. (　　　)

① 가구　② 가축　③ 식구　④ 입구

❷ 우리 마을은 바닷가에 있어요. (　　　)

① 동네　② 동생　③ 도시　④ 집

❸ 친구와의 싸움은 오래 끌지 않는 게 좋아요. (　　　)

① 공부　② 다툼　③ 놀이　④ 우정

밑줄 친 낱말과 비슷한말을 모두 찾아 ○표 하세요.

❶ 나와 민지는 가장 친한 친구예요.

(벗, 빗, 동생, 동무)

❷ 새 학년이 되자 민지가 내 짝이 되었어요.

(폴짝, 우정, 짝꿍, 적)

❸ 우리 선생님은 아빠를 닮았어요.

(스승님, 스님, 친구, 교무실)

학교와 관련된 낱말

학교와 관련된 낱말이 쓰인 칸을 모두 색칠하면 어떤 모양이 나오는지 말하고, 학교와 관련된 낱말을 더 생각해서 쓰세요.

트럭	극장	우주 / 방학	산	토성
바나나	바다 / 교실	책상	비행기	높이
공업	다리미	기차 / 학년	임금	화장품
등교 / 젖소	수업	선생님	지각	공부 / 얼음
지구	교문 / 침실	운동장	숙제 / 문어	인형

문법+

'무엇을'이 들어 있는 문장

만화를 보고, 빨간색으로 쓰여 있는 문장을 살펴보세요.

민수야, 어디 아파?

어제 맞았어.

누가 때렸어? 선생님께 말씀드려야지.

아니, 잠깐만!

그게 아니라, 예방 주사를 맞았다는 말이야.

뭐?

'무엇을' 맞았는지를 정확히 말해야지.

어휴, 알았어! 나는 예방 주사를 맞았어.

머리에 쏙

'무엇을'이 들어 있는 문장

누가(무엇이)+무엇을+어찌하다: 어떤 사람이나 물건이 무엇을 어떻게 하는지를 나타내는 문장이에요.

예 민수가(누가) 예방 주사를(무엇을) 맞았다(어찌하다).

'무엇을'이 들어 있는 바른 문장을 만들 수 있도록 알맞은 말을 따라 줄로 이으세요.

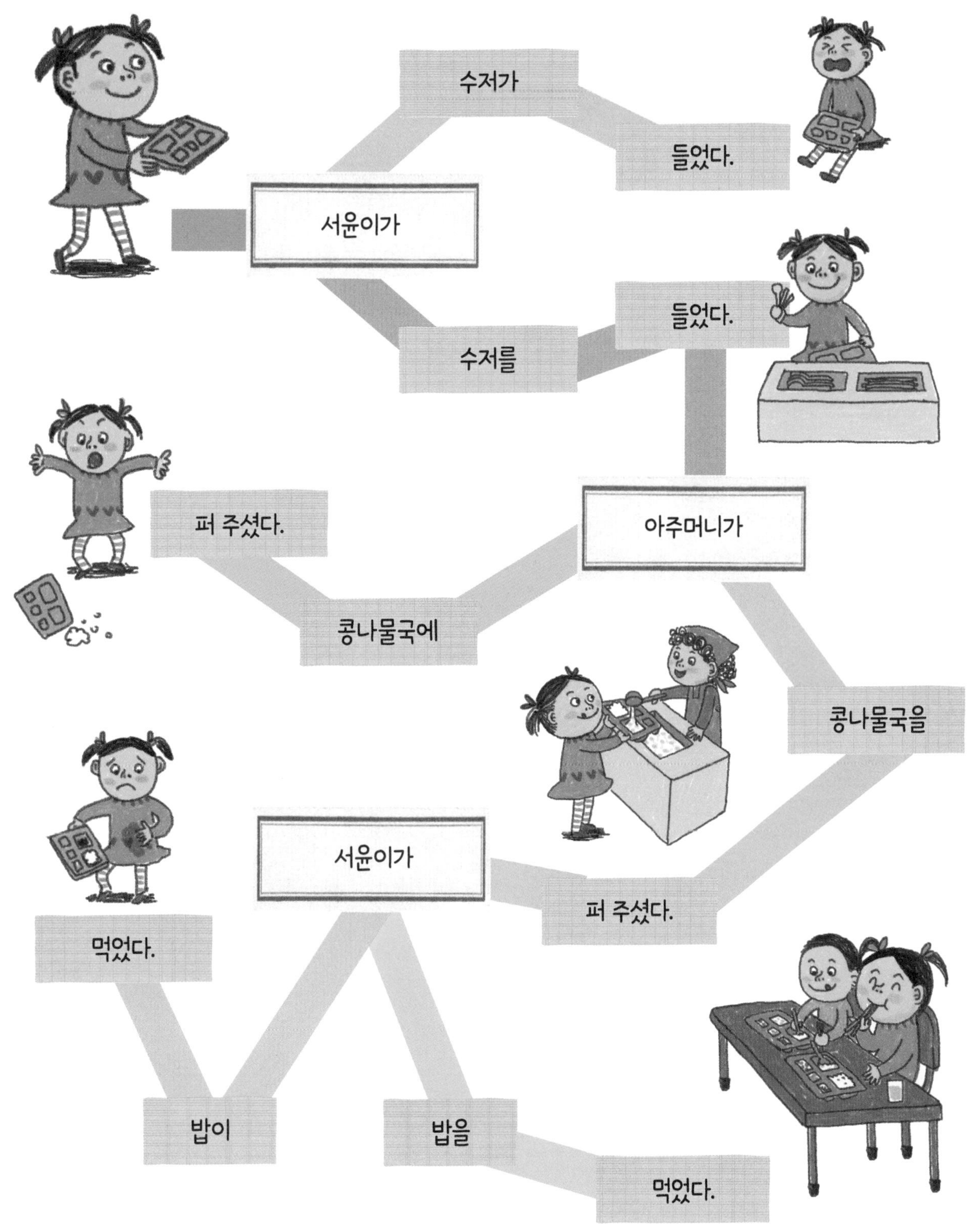

문법

'무엇을'이 들어 있는 문장

보기 와 같이 '무엇을'에 해당하는 말을 찾아 ○표 하세요.

❶ 비비디가 공책을 폅니다.

❷ 얄리가 마법책을 읽습니다.

❸ 친구들이 시험을 봅니다.

❹ 선생님께서 박수를 칩니다.

❺ 친구들이 만세를 부릅니다.

보기 와 같이 '무엇을'에 해당하는 말이 바르게 쓰인 문장에 ○표 하세요.

보기

관중이 활을 쏘았습니다. (○)

관중이 활이 쏘았습니다. (   )

1. 관중은 포숙아가 좋아합니다. (   )
   관중은 포숙아를 좋아합니다. (   )

2. 포숙아가 떡에 싸 왔습니다. (   )
   포숙아가 떡을 싸 왔습니다. (   )

3. 친구가 잘못을 빌었습니다. (   )
   친구가 잘못이 빌었습니다. (   )

4. 두 사람은 우정을 약속했습니다. (   )
   두 사람은 우정이 약속했습니다. (   )

5. 사람들은 눈물이 흘렸습니다. (   )
   사람들은 눈물을 흘렸습니다. (   )

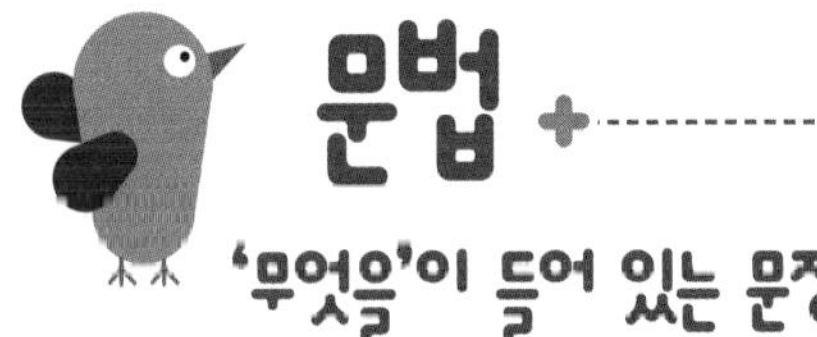

문법

'무엇을'이 들어 있는 문장

보기 와 같이 밑줄 친 말을 '무엇을'에 해당하는 말로 바르게 고쳐 쓰세요.

보기

윤지가 안전모가 씁니다.

→ 윤지가 안전모를 씁니다.

❶ 교통경찰 아저씨가 안전이 지킵니다.

→ 교통경찰 아저씨가 ______________ 지킵니다.

❷ 친구들이 물놀이에 합니다.

→ 친구들이 ______________ 합니다.

❸ 사람들이 엘리베이터가 탑니다.

→ 사람들이 ______________ 탑니다.

❹ 민수는 축구가 좋아합니다.

→ 민수는 ______________ 좋아합니다.

그림을 보고, 바른 문장이 되도록 빈칸에 알맞은 말을 보기 에서 찾아 쓰세요.

보기

주스를 썼습니다 상자를 케이크를 쏩니다

1 민수가 ____________ 먹습니다.

2 소영이는 ____________ 엽니다.

3 친구들은 고깔모자를 ____________.

4 지현이는 폭죽을 ____________.

5 승수는 ____________ 마십니다.

글을 읽고, 이 글에 대하여 바르게 말한 친구를 모두 찾아 ○표 하세요.

2020년 3월 5일 화요일	날씨 맑다가 흐림
제목	새 친구

김민재라는 친구가 전학을 왔다. 키가 엄청 크고 목소리도 컸다. 학교 끝나고 집에 오는데 김민재가 내 뒤를 계속 따라왔다. 우리 아파트에 산다고 했다.

나는 내일부터 학교에 같이 가자고 했다. 민재가 그러자고 말했다.

앞으로 김민재랑 친하게 지내고 싶다.

생각이나 느낌이 들어 있어요.

특별히 기억에 남는 일을 썼어요.

자신의 생각은 쓰지 않았어요.

매일 똑같이 일어나는 일을 썼어요.

이 글은 일기예요. 일기는 그날 내가 보거나 듣거나 겪은 **인상 깊은 일**과 그 일에 대한 나의 생각이나 느낌을 쓴 글이에요.

'인상 깊은 일'이란 무엇을 말하는지 알맞은 것에 ○표 하세요.

1 매일 똑같이 일어나는 일 (   )

2 특별한 일이어서 기억에 남는 일 (   )

'인상'은 어떤 대상에 대하여 마음속에 새겨지는 느낌을 말해요.

'인상 깊은 일'을 바르게 말한 친구에게 ○표 하세요.

김민재라는 친구가 전학을 왔어.

아침에 일어나 밥을 먹고 학교에 갔어.

매일 똑같이 일어나는 일은 인상 깊은 일이 아니에요.

일기에 무엇을 쓰는 것이 좋을까요? 빈칸에 알맞은 말을 쓰세요.

→ 일기에는 그날 있었던 특별한 일이나 ______________ 깊었던 일을 써요.

최근에 있었던 인상 깊은 일을 한 가지 쓰세요.

머리에 쏙

일기에는 매일 똑같이 일어나는 일을 쓰는 것이 아니라, 특별히 기억에 남는 일이나 인상 깊은 일, 마음속에 남는 일 등을 써요.

'생각이나 느낌'이란 무엇을 말하는지 알맞은 것에 ○표 하세요.

1. 눈으로 보고 귀로 들은 일 ( )
2. 마음속으로 생각하거나 느낀 일 ( )

생각이나 느낌을 말한 친구에게 ○표 하세요.

내일부터 학교에
같이 가자고 했어.

앞으로 김민재랑
친하게 지내고 싶어.

일기에 무엇을 쓰는 것이 좋을까요? 빈칸에 알맞은 말을 쓰세요.

→ 일기에는 그날 있었던 인상 깊은 일에 대해 쓰고, 그 일에 대한 생각이나 ______________을 써요.

123쪽에 쓴 인상 깊은 일에 대한 생각이나 느낌을 쓰세요.

____

____

일기에는 그날 있었던 일에 대한 **생각**이나 **느낌**을 써요.

날씨를 자세히 쓴 일기에 ○표 하세요.

5월 13일 월요일	날씨 맑다가 흐림
오후에 놀이터에 갔다가 다친 비둘기를 보았다.	

5월 13일 월요일	날씨 흐림
오후에 놀이터에 갔다가 다친 비둘기를 보았다.	

날씨를 자세하게 쓰면 나중에 일기를 읽었을 때 그때의 기억을 더 생생하게 떠올릴 수 있어서 좋아요.

일기의 내용이 무엇인지 쉽게 알 수 있는 것에 ○표 하세요.

5월 13일 월요일	날씨 맑다가 흐림
오후에 놀이터에 갔다가 다친 비둘기를 보았다.	

5월 13일 월요일	날씨 맑다가 흐림
불쌍한 비둘기 오후에 놀이터에 갔다가 다친 비둘기를 보았다.	

일기에 무엇을 쓰는 것이 좋을까요? 빈칸에 알맞은 말을 쓰세요.

→ 일기를 쓸 때 날씨는 자세하게 쓰고, 일기의 내용을 쉽게 알 수 있도록 ______________ 을 쓰는 것이 좋아요.

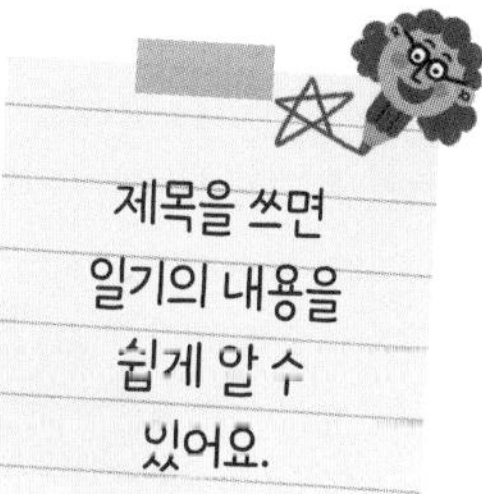

123쪽에 쓴 인상 깊은 일에 알맞은 제목을 붙이세요.

____

날씨는 자세하게 쓰고, 제목은 일기의 내용을 잘 알 수 있도록 써요.

123~125쪽에 쓴 내용과 아래 일기를 바탕으로 일기를 쓰세요.

2020년 4월 23일 화요일	날씨 하루 종일 맑음
제목	불룩한 내 이마

낮에 짝꿍 민석이랑 인라인스케이트를 타다가 다쳤다. 민석이를 앞질러 가려다가 옆에 있는 기둥에 쾅 하고 이마를 부딪쳤다. 무척 아팠다. 이마에 커다랗게 혹이 생겼다. 조심하지 않았다고 엄마한테 혼났다.

앞으로는 주위에 뭐가 있는지 잘 보고 조심해야겠다.

날짜와 요일, 날씨를 써. 날씨는 자세히 써.

제목을 써. 내용이 잘 드러나게!

있었던 일이랑 생각과 느낌을 써. 인상적인 일을 솔직하게 쓰면 돼.

일기는 '오늘', '나'에게 일어난 일을 쓰는 글이에요. 그래서 '나는', '오늘은'이라는 말은 안 써도 돼요.

년 월 일 요일	날씨
제목	

확인 꾹

날짜와 요일, 날씨를 썼나요? (예 / 아니요)
일기의 내용을 잘 알 수 있게 제목을 썼나요? (예 / 아니요)
인상 깊은 일을 썼나요? (예 / 아니요)
생각이나 느낌을 썼나요? (예 / 아니요)

MEMO

메가스터디BOOKS

교과 주제로 시작하는

초등 메가 독서논술

2022 개정 교육과정 반영 개정증보판

정답 및 예시 답안

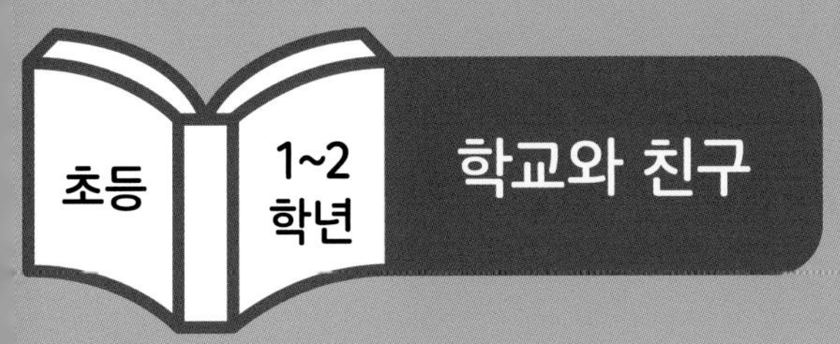

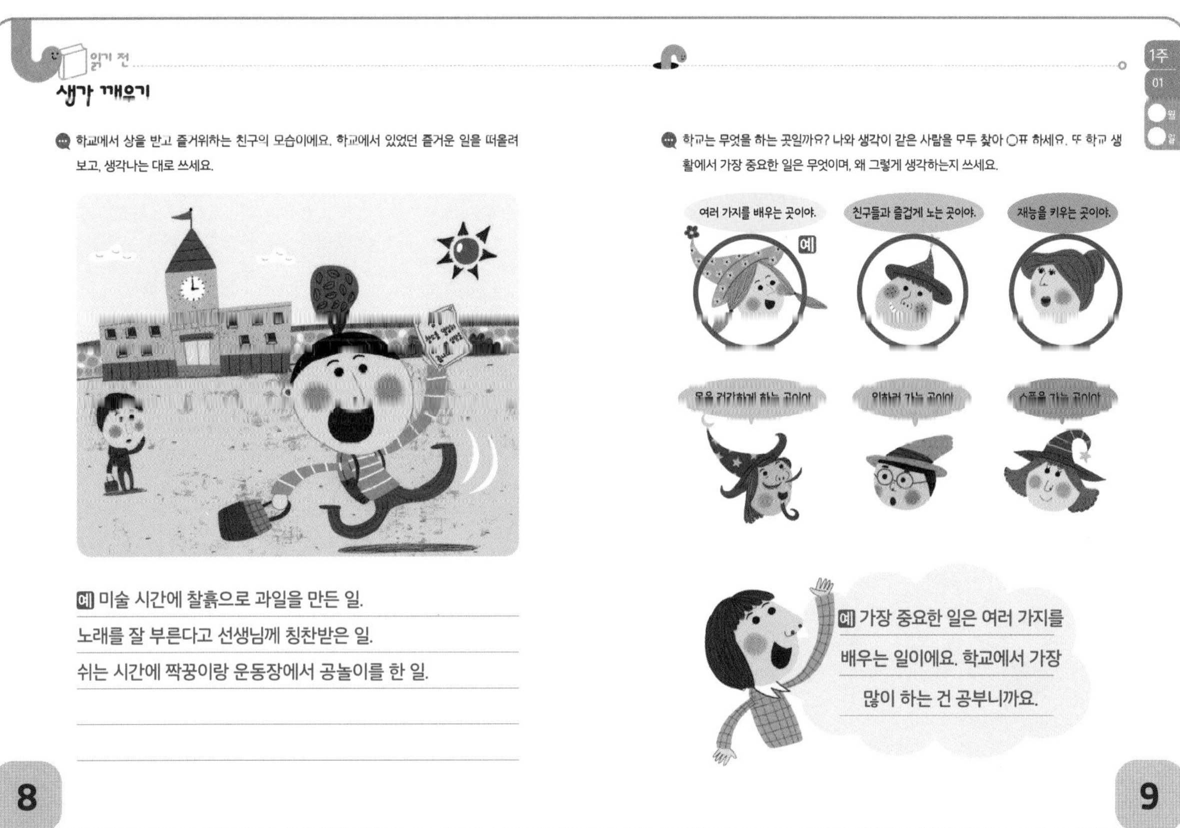

읽기 전
생각 깨우기
학교에서 상을 받고 즐거워하는 친구의 모습이에요. 학교에서 있었던 즐거운 일을 떠올려 보고, 생각나는 대로 쓰세요.
예 미술 시간에 찰흙으로 과일을 만든 일.
노래를 잘 부른다고 선생님께 칭찬받은 일.
쉬는 시간에 짝꿍이랑 운동장에서 공놀이를 한 일.
8
1주
01
월
일
학교는 무엇을 하는 곳일까요? 나와 생각이 같은 사람을 모두 찾아 ○표 하세요. 또 학교 생활에서 가장 중요한 일은 무엇이며, 왜 그렇게 생각하는지 쓰세요.
여러 가지를 배우는 곳이야.
친구들과 즐겁게 노는 곳이야.
재능을 키우는 곳이야.
예
예 가장 중요한 일은 여러 가지를 배우는 일이에요. 학교에서 가장 많이 하는 건 공부니까요.
9

도움말 학교에서 어떤 일이 있었는지 생각해 보는 문제입니다. 사소한 것이라도, 학교에서 기쁘고 즐거웠던 일이라면 무엇이든 쓰게 해 주세요.

도움말 학교의 역할을 알아보는 열린 문제입니다. 학교에 가야 하는 이유를 생각하게 해 주세요.

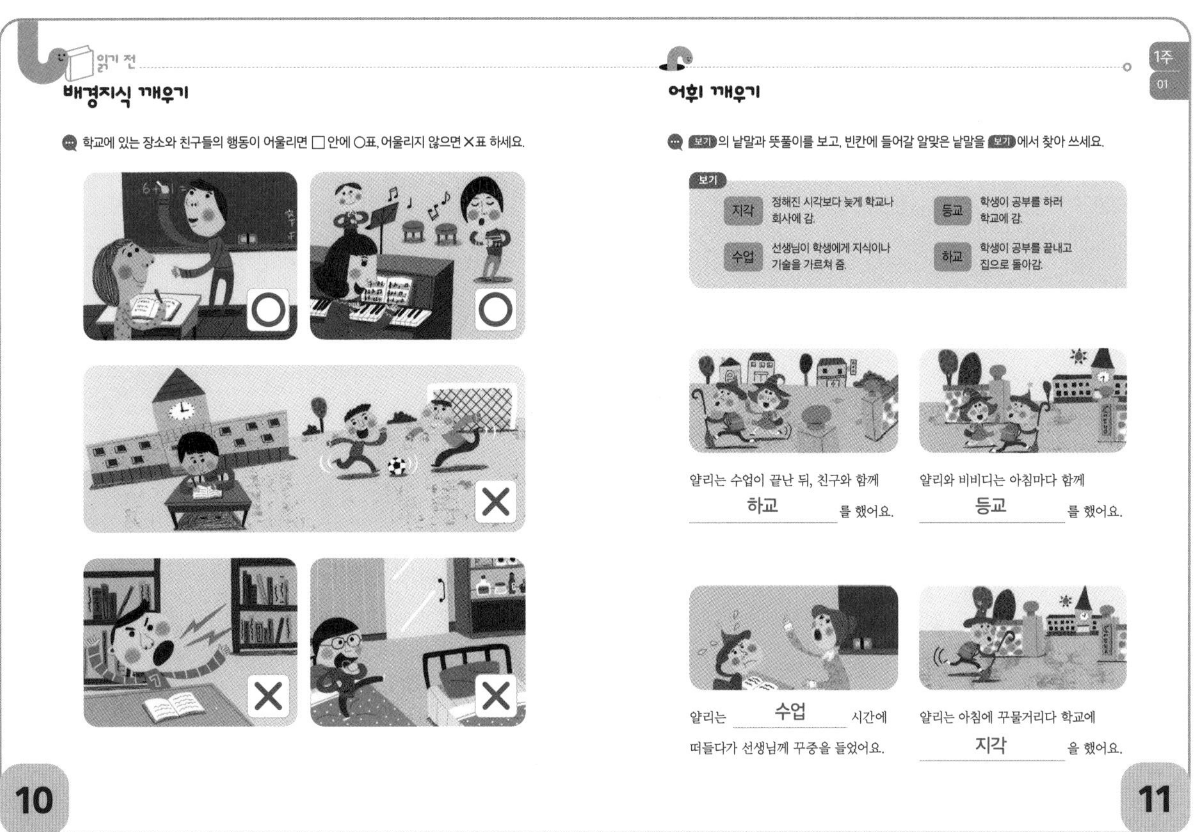

읽기 전
배경지식 깨우기
학교에 있는 장소와 친구들의 행동이 어울리면 □ 안에 ○표, 어울리지 않으면 ✕표 하세요.
○
○
✕
✕
✕
10
어휘 깨우기
1주
01
보기 의 낱말과 뜻풀이를 보고, 빈칸에 들어갈 알맞은 낱말을 보기 에서 찾아 쓰세요.
보기
지각 정해진 시각보다 늦게 학교나 회사에 감.
등교 학생이 공부를 하러 학교에 감.
수업 선생님이 학생에게 지식이나 기술을 가르쳐 줌.
하교 학생이 공부를 끝내고 집으로 돌아감.
얄리는 수업이 끝난 뒤, 친구와 함께 하교 를 했어요.
얄리와 비비디는 아침마다 함께 등교 를 했어요.
얄리는 수업 시간에 떠들다가 선생님께 꾸중을 들었어요.
얄리는 아침에 꾸물거리다 학교에 지각 을 했어요.
11

도움말 학교에 있는 장소가 어떻게 생겼는지, 각각의 장소는 무엇을 하는 곳인지 알아보는 문제입니다. 운동장은 뛰어놀거나 운동을 하는 곳이고, 독서실이나 보건실에서는 조용히 해야 한다는 것을 알려 주세요.

도움말 보기에 있는 낱말들이 문장 속에서 어떻게 쓰이는지 알아보는 문제입니다.

주제 읽기

얄리야, 학교 가자!

꾸물거리다
게으르고 굼뜨게 행동하다.

실험
과학에서 어떤 이론이 맞는지 확인하거나 특정한 현상을 관찰하고 측정하는 일.

여름 방학이 끝나고 마법 학교의 새 학기가 시작되었어요. 하지만 꼬마 마법사 얄리는 학교에 가지 않고 *꾸물거리고 있어요.

"엄마, 집에서 놀면 안 돼요? 학교에 꼭 가야 해요?"

"훌륭한 마법사가 되려면 학교에 가는 게 좋지. 왜 가기 싫어?"

"재미없어요. 글쓰기나 *실험만 하고 마법은 가끔 가르쳐 줘요."

그러자 옆에 있던 아빠가 나서며 물었어요.

"얄리, 1학기에 배운 빗자루 마법도 재미없었니?"

"아니요, 그건 재미있었어요. 키 높이까지 뜨는 것만 배워서 아쉬웠지만요."

아빠는 이때다 하고 슬며시 말했어요.

질문 톡 얄리는 어떤 학교에 다니나요?
☐ 요리 학교 ✔ 마법 학교

"안됐구나. 이번 학기에 높이 날기를 배운다고 하던데……."

"진짜요? 그럼 저 학교 갈래요. 내 빗자루가 어디 있더라?"

얄리는 빗자루를 들고 마수리 마법 학교까지 바람같이 달려갔어요. 하지만 이미 *등교 시간이 지나 *교문 앞에는 학생이 거의 없었지요.

"에휴, 지각이네."

그때 같은 반 친구이자 짝꿍인 비비디가 얄리의 어깨를 툭 쳤어요.

"얄리야, 무슨 일로 이리 늦었어? 나야 늦잠 자서 맨날 *지각하지만……."

"꾸물거리다 늦었어. 빨리 가자."

얄리와 비비디는 서둘러 교실로 향했어요.

등교
학생이 공부하러 학교에 감.

교문
학교의 문.

지각
정해진 시각보다 늦게 학교나 회사에 감.

질문 톡 얄리는 교문 앞에서 누구를 만났나요?
✔ 짝꿍 ☐ 선배

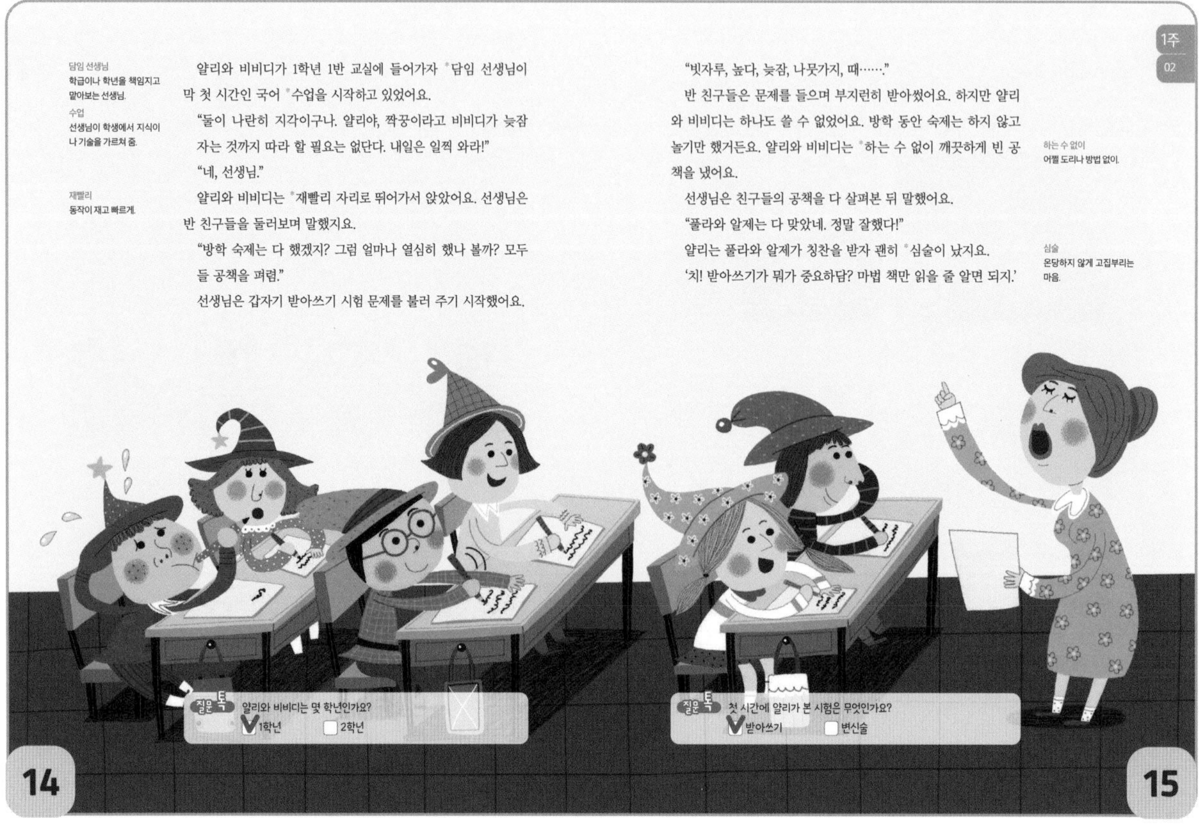

담임 선생님
학급이나 학년을 책임지고 맡아보는 선생님.

수업
선생님이 학생에서 지식이나 기술을 가르쳐 줌.

재빨리
동작이 재고 빠르게.

얄리와 비비디가 1학년 1반 교실에 들어가자 *담임 선생님이 막 첫 시간인 국어 *수업을 시작하고 있었어요.

"둘이 나란히 지각이구나. 얄리야, 짝꿍이라고 비비디가 늦잠 자는 것까지 따라 할 필요는 없단다. 내일은 일찍 와라!"

"네, 선생님."

얄리와 비비디는 *재빨리 자리로 뛰어가서 앉았어요. 선생님은 반 친구들을 둘러보며 말했지요.

"방학 숙제는 다 했겠지? 그럼 얼마나 열심히 했나 볼까? 모두들 공책을 펴렴."

선생님은 갑자기 받아쓰기 시험 문제를 불러 주기 시작했어요.

질문 톡 얄리와 비비디는 몇 학년인가요?
✔ 1학년 ☐ 2학년

"빗자루, 높다, 늦잠, 나뭇가지, 때……."

반 친구들은 문제를 들으며 부지런히 받아썼어요. 하지만 얄리와 비비디는 하나도 쓸 수 없었어요. 방학 동안 숙제는 하지 않고 놀기만 했거든요. 얄리와 비비디는 *하는 수 없이 깨끗하게 빈 공책을 냈어요.

선생님은 친구들의 공책을 다 살펴본 뒤 말했어요.

"풀라와 알제는 다 맞았네. 정말 잘했다!"

얄리는 풀라와 알제가 칭찬을 받자 괜히 *심술이 났지요.

'치! 받아쓰기가 뭐가 중요하담? 마법 책만 읽을 줄 알면 되지.'

하는 수 없이
어쩔 도리나 방법 없이.

심술
온당하지 않게 고집부리는 마음.

질문 톡 첫 시간에 얄리가 본 시험은 무엇인가요?
✔ 받아쓰기 ☐ 변신술

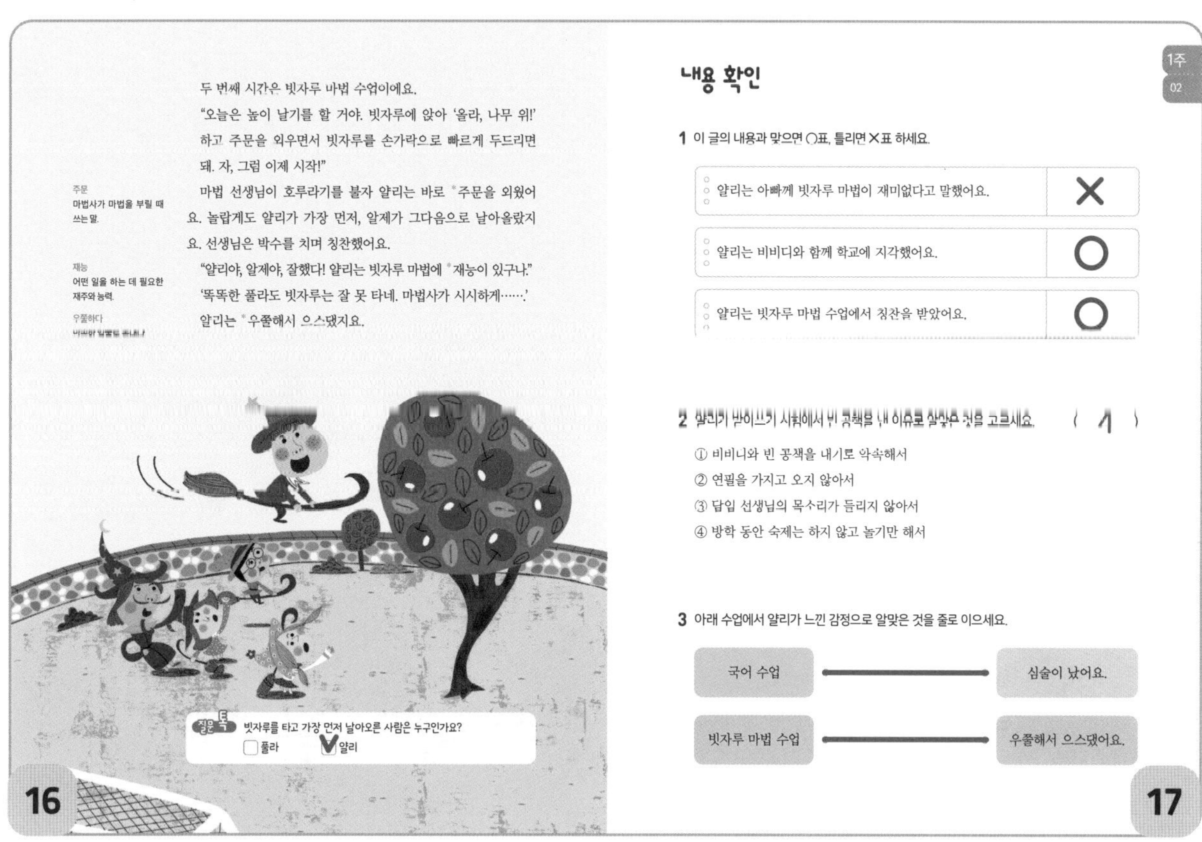

두 번째 시간은 빗자루 마법 수업이에요.

"오늘은 높이 날기를 할 거야. 빗자루에 앉아 '올라, 나무 위!' 하고 주문을 외우면서 빗자루를 손가락으로 빠르게 두드리면 돼. 자, 그럼 이제 시작!"

마법 선생님이 호루라기를 불자 얄리는 바로 *주문을 외웠어요. 놀랍게도 얄리가 가장 먼저, 알제가 그다음으로 날아올랐지요. 선생님은 박수를 치며 칭찬했어요.

"얄리야, 알제야, 잘했다! 얄리는 빗자루 마법에 *재능이 있구나."

'똑똑한 풀라도 빗자루는 잘 못 타네. 마법사가 시시하게…….'

얄리는 *우쭐해서 으스댔지요.

주문
마법사가 마법을 부릴 때 쓰는 말.

재능
어떤 일을 하는 데 필요한 재주와 능력.

우쭐하다

질문 톡 빗자루를 타고 가장 먼저 날아오른 사람은 누구인가요?
☐ 풀라 ☑ 얄리

16

내용 확인

1주 02

1 이 글의 내용과 맞으면 ○표, 틀리면 ✕표 하세요.

얄리는 아빠께 빗자루 마법이 재미없다고 말했어요.	✕
얄리는 비비디와 함께 학교에 지각했어요.	○
얄리는 빗자루 마법 수업에서 칭찬을 받았어요.	○

2 얄리가 받아쓰기 시험에서 빈 공책을 낸 이유로 알맞은 것을 고르세요. (4)

① 비비디와 빈 공책을 내기로 약속해서
② 연필을 가지고 오지 않아서
③ 담임 선생님의 목소리가 들리지 않아서
④ 방학 동안 숙제는 하지 않고 놀기만 해서

3 아래 수업에서 얄리가 느낀 감정으로 알맞은 것을 줄로 이으세요.

국어 수업	심술이 났어요.
빗자루 마법 수업	우쭐해서 으스댔어요.

17

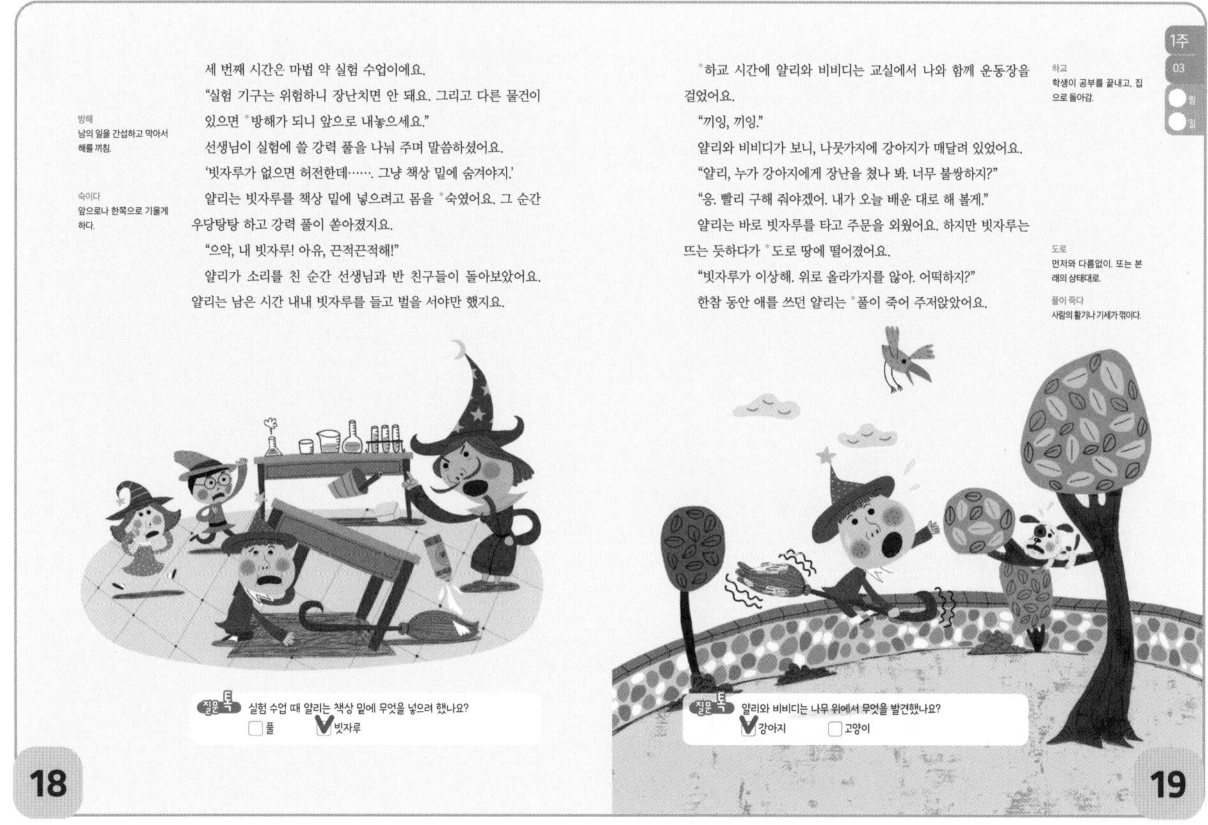

세 번째 시간은 마법 약 실험 수업이에요.

"실험 기구는 위험하니 장난치면 안 돼요. 그리고 다른 물건이 있으면 *방해가 되니 앞으로 내놓으세요."

선생님이 실험에 쓸 강력 풀을 나눠 주며 말씀하셨어요.

'빗자루가 없으면 허전한데……. 그냥 책상 밑에 숨겨야지.'

얄리는 빗자루를 책상 밑에 넣으려고 몸을 *숙였어요. 그 순간 우당탕탕 하고 강력 풀이 쏟아졌지요.

"으악, 내 빗자루! 아유, 끈적끈적해!"

얄리가 소리를 친 순간 선생님과 반 친구들이 돌아보았어요. 얄리는 남은 시간 내내 빗자루를 들고 벌을 서야만 했지요.

방해
남의 일을 간섭하고 막아서 해를 끼침.

숙이다
앞으로나 한쪽으로 기울게 하다.

질문 톡 실험 수업 때 얄리는 책상 밑에 무엇을 넣으려 했나요?
☐ 풀 ☑ 빗자루

18

1주 03

*하교 시간에 얄리와 비비디는 교실에서 나와 함께 운동장을 걸었어요.

"끼잉, 끼잉."

얄리와 비비디가 보니, 나뭇가지에 강아지가 매달려 있었어요.

"얄리, 누가 강아지에게 장난을 쳤나 봐. 너무 불쌍하지?"

"응. 빨리 구해 줘야겠어. 내가 오늘 배운 대로 해 볼게."

얄리는 바로 빗자루를 타고 주문을 외웠어요. 하지만 빗자루는 뜨는 듯하다가 *도로 땅에 떨어졌어요.

"빗자루가 이상해. 위로 올라가지를 않아. 어떡하지?"

한참 동안 애를 쓰던 얄리는 *풀이 죽어 주저앉았어요.

하교
학생이 공부를 끝내고, 집으로 돌아감.

도로
먼저와 다름없이. 또는 본래의 상태대로.

풀이 죽다
사람의 활기나 기세가 꺾이다.

질문 톡 얄리와 비비디는 나무 위에서 무엇을 발견했나요?
☑ 강아지 ☐ 고양이

19

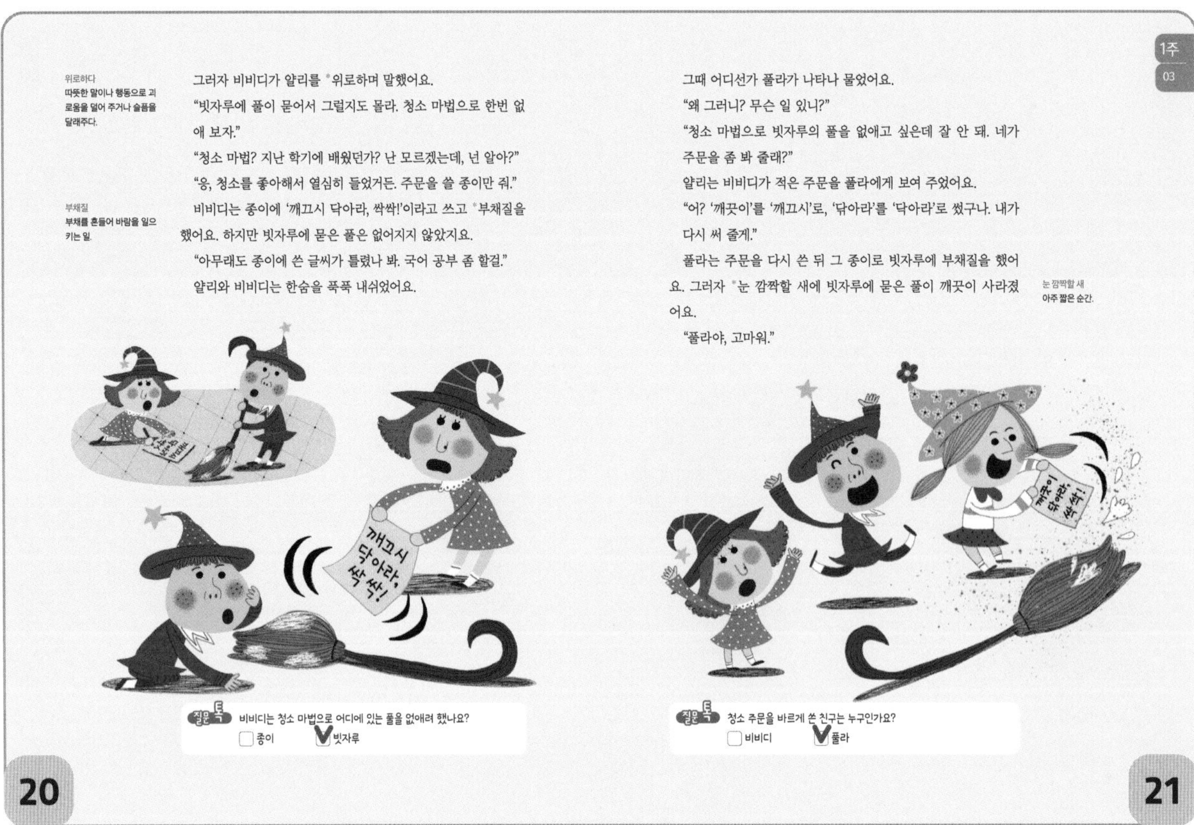

위로하다
따뜻한 말이나 행동으로 괴로움을 덜어 주거나 슬픔을 달래주다.

부채질
부채를 흔들어 바람을 일으키는 일.

그러자 비비디가 얄리를 *위로하며 말했어요.

"빗자루에 풀이 묻어서 그럴지도 몰라. 청소 마법으로 한번 없애 보자."

"청소 마법? 지난 학기에 배웠던가? 난 모르겠는데, 넌 알아?"

"응, 청소를 좋아해서 열심히 들었거든. 주문을 쓸 종이만 줘."

비비디는 종이에 '깨끄시 닥아라, 싹싹!'이라고 쓰고 *부채질을 했어요. 하지만 빗자루에 묻은 풀은 없어지지 않았지요.

"아무래도 종이에 쓴 글씨가 틀렸나 봐. 국어 공부 좀 할걸."

얄리와 비비디는 한숨을 푹푹 내쉬었어요.

질문 톡 비비디는 청소 마법으로 어디에 있는 풀을 없애려 했나요?
☐ 종이 ✔ 빗자루

20

그때 어디선가 풀라가 나타나 물었어요.

"왜 그러니? 무슨 일 있니?"

"청소 마법으로 빗자루의 풀을 없애고 싶은데 잘 안 돼. 네가 주문을 좀 봐 줄래?"

얄리는 비비디가 적은 주문을 풀라에게 보여 주었어요.

"어? '깨끗이'를 '깨끄시'로, '닦아라'를 '닥아라'로 썼구나. 내가 다시 써 줄게."

풀라는 주문을 다시 쓴 뒤 그 종이로 빗자루에 부채질을 했어요. 그러자 *눈 깜짝할 새에 빗자루에 묻은 풀이 깨끗이 사라졌어요.

눈 깜짝할 새
아주 짧은 순간.

"풀라야, 고마워."

질문 톡 청소 주문을 바르게 쓴 친구는 누구인가요?
☐ 비비디 ✔ 풀라

21

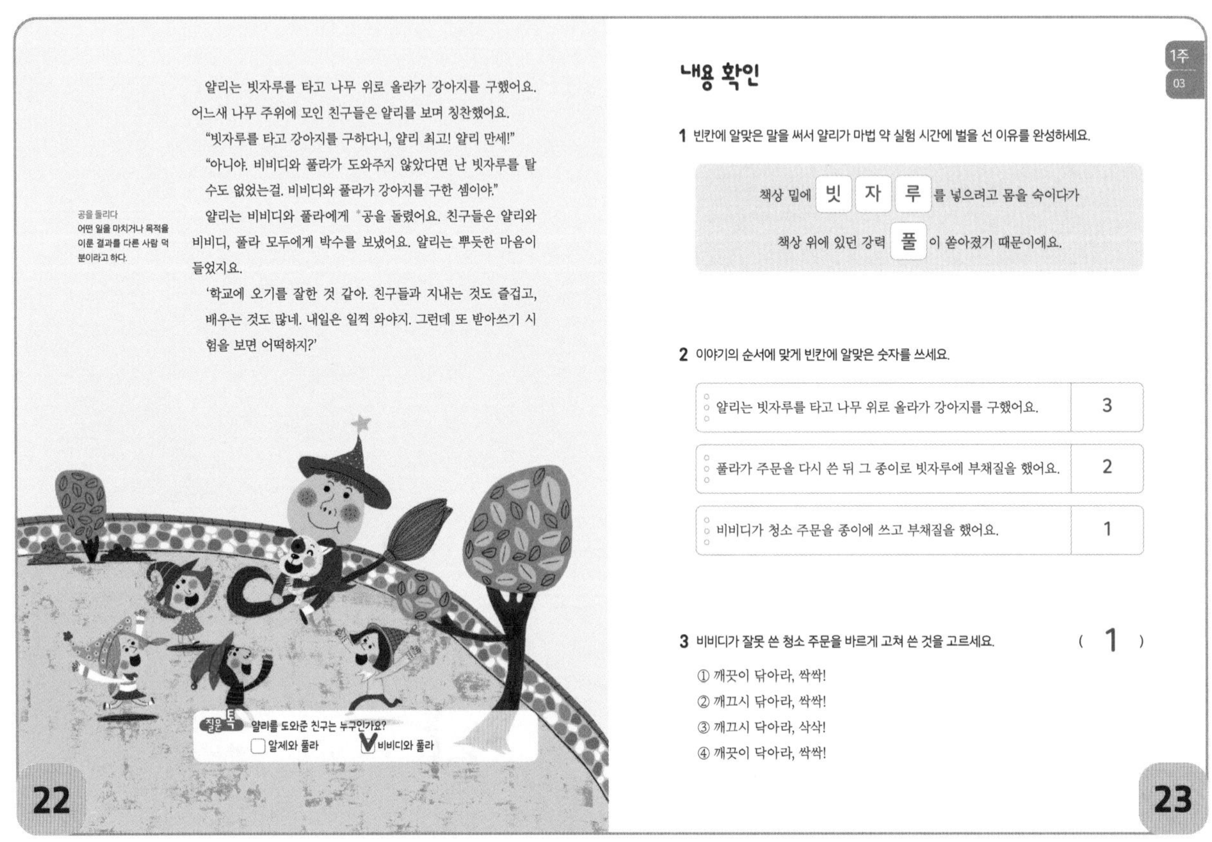

공을 돌리다
어떤 일을 마치거나 목적을 이룬 결과를 다른 사람 덕분이라고 하다.

얄리는 빗자루를 타고 나무 위로 올라가 강아지를 구했어요. 어느새 나무 주위에 모인 친구들은 얄리를 보며 칭찬했어요.

"빗자루를 타고 강아지를 구하다니, 얄리 최고! 얄리 만세!"

"아니야. 비비디와 풀라가 도와주지 않았다면 난 빗자루를 탈 수도 없었는걸. 비비디와 풀라가 강아지를 구한 셈이야."

얄리는 비비디와 풀라에게 *공을 돌렸어요. 친구들은 얄리와 비비디, 풀라 모두에게 박수를 보냈어요. 얄리는 뿌듯한 마음이 들었지요.

'학교에 오기를 잘한 것 같아. 친구들과 지내는 것도 즐겁고, 배우는 것도 많네. 내일은 일찍 와야지. 그런데 또 받아쓰기 시험을 보면 어떡하지?'

질문 톡 얄리를 도와준 친구는 누구인가요?
☐ 알제와 풀라 ✔ 비비디와 풀라

22

내용 확인

1 빈칸에 알맞은 말을 써서 얄리가 마법 약 실험 시간에 벌을 선 이유를 완성하세요.

책상 밑에 [빗] [자] [루] 를 넣으려고 몸을 숙이다가 책상 위에 있던 강력 [풀] 이 쏟아졌기 때문이에요.

2 이야기의 순서에 맞게 빈칸에 알맞은 숫자를 쓰세요.

얄리는 빗자루를 타고 나무 위로 올라가 강아지를 구했어요.	3
풀라가 주문을 다시 쓴 뒤 그 종이로 빗자루에 부채질을 했어요.	2
비비디가 청소 주문을 종이에 쓰고 부채질을 했어요.	1

3 비비디가 잘못 쓴 청소 주문을 바르게 고쳐 쓴 것을 고르세요. (1)

① 깨끗이 닦아라, 싹싹!
② 깨끄시 닦아라, 싹싹!
③ 깨끄시 닥아라, 삭삭!
④ 깨끗이 닥아라, 싹싹!

23

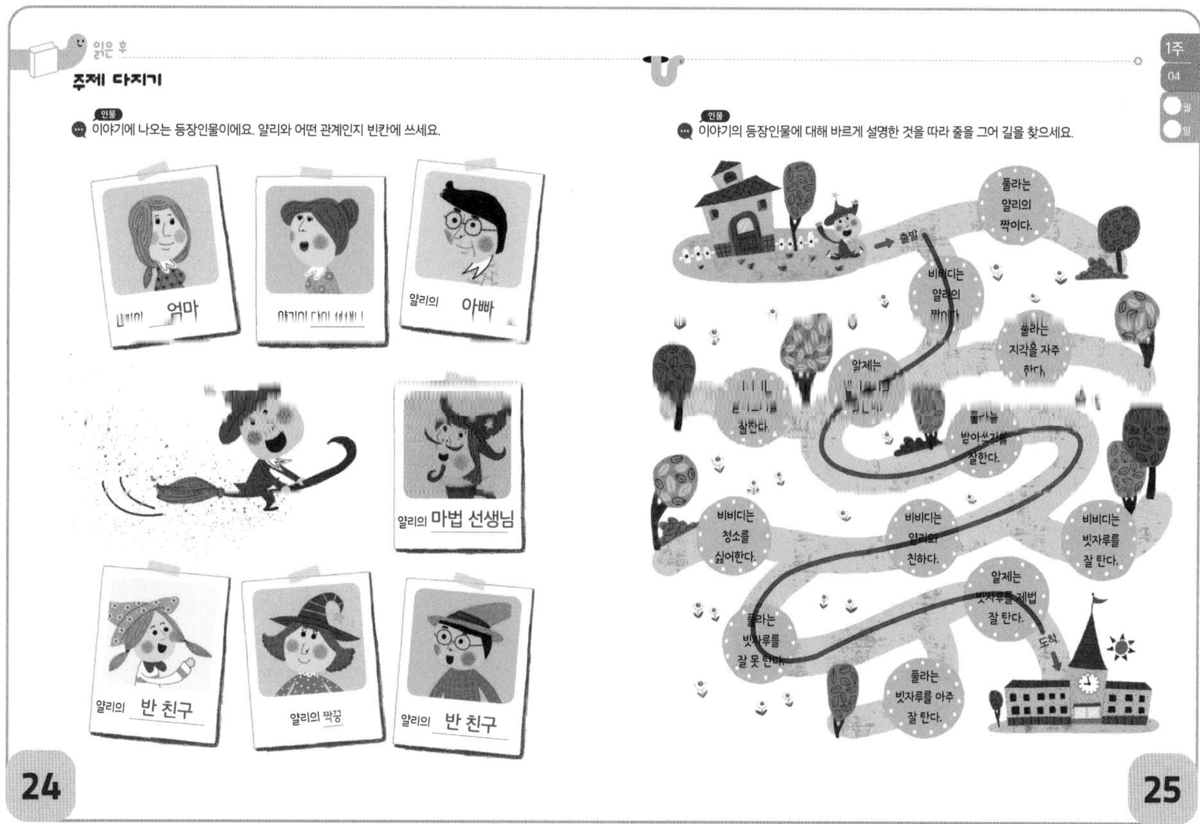

도움말 등장인물을 얄리와의 관계로 알아봅니다. 얄리의 어머니로 쓰거나 빗자루 마법 선생님으로 써도 상관없습니다. 막연하게 느낀다면, 무엇을 가르치는 선생님인지, 어떤 친구인지 생각하게 해 주세요.

도움말 등장인물에 대해 알아보는 문제입니다. 상세 내용을 확인하는 문제이므로 잘 기억하지 못하면 이야기의 내용을 되짚어 보도록 합니다.

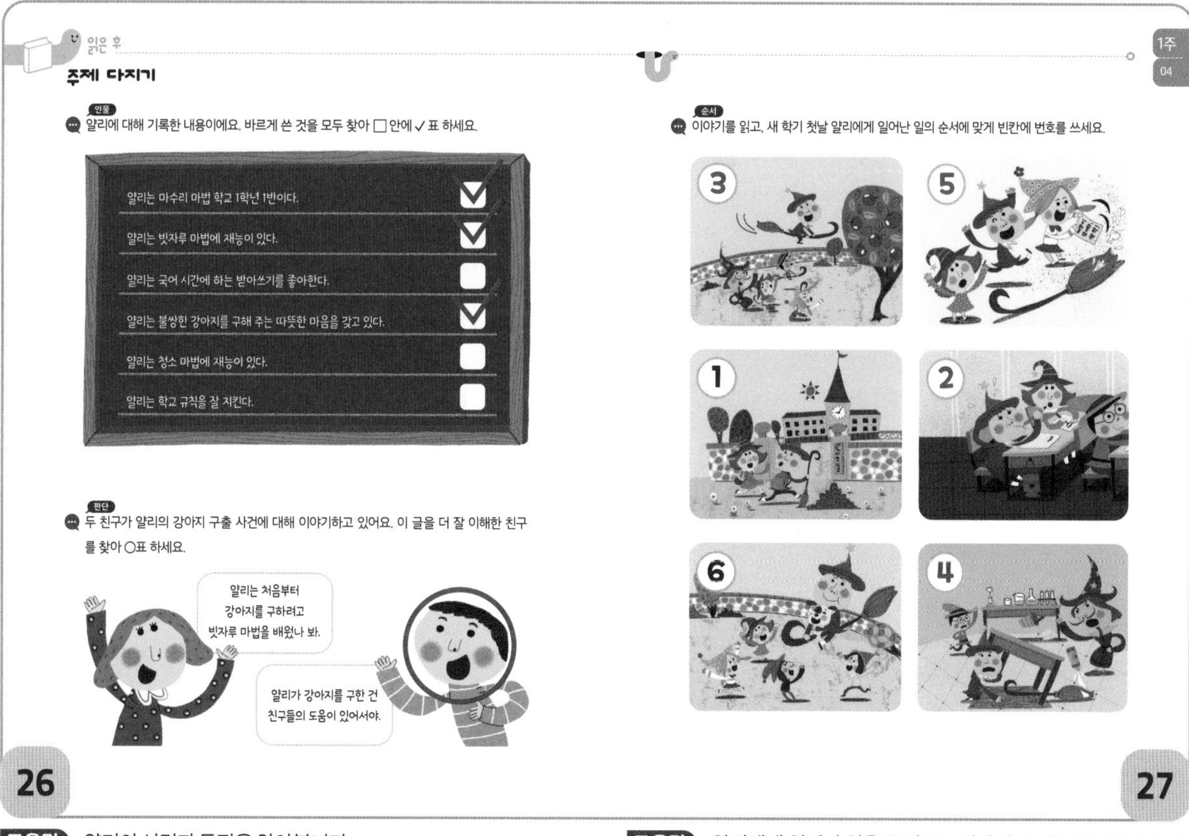

도움말 얄리의 성격과 특징을 알아봅니다.

도움말 아이가 글을 얼마나 이해했는지 알아봅니다.

도움말 얄리에게 일어난 일을 중심으로 이야기 순서를 알아봅니다. 줄거리를 알아보는 일의 기초가 되니, 차근차근 생각해서 쓰게 하세요.

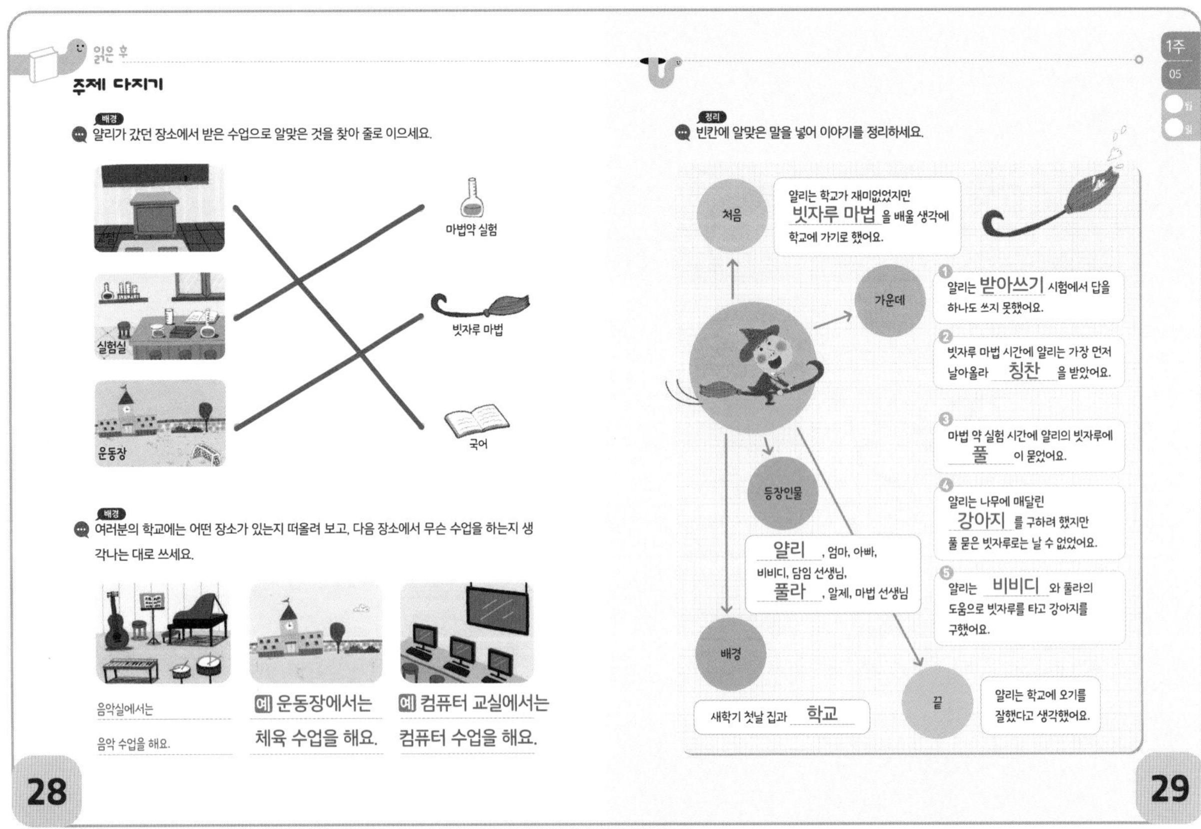

도움말 알리가 학교의 여러 장소에서 무엇을 했는지 알아봅니다.
도움말 여러 장소에서 하는 수업을 써 봅니다.

도움말 글을 도식화하여 요약 정리해 보는 문제입니다. 내용이 기억나지 않으면 글을 다시 읽어 보면서 알맞은 내용을 쓰도록 지도해 주세요.

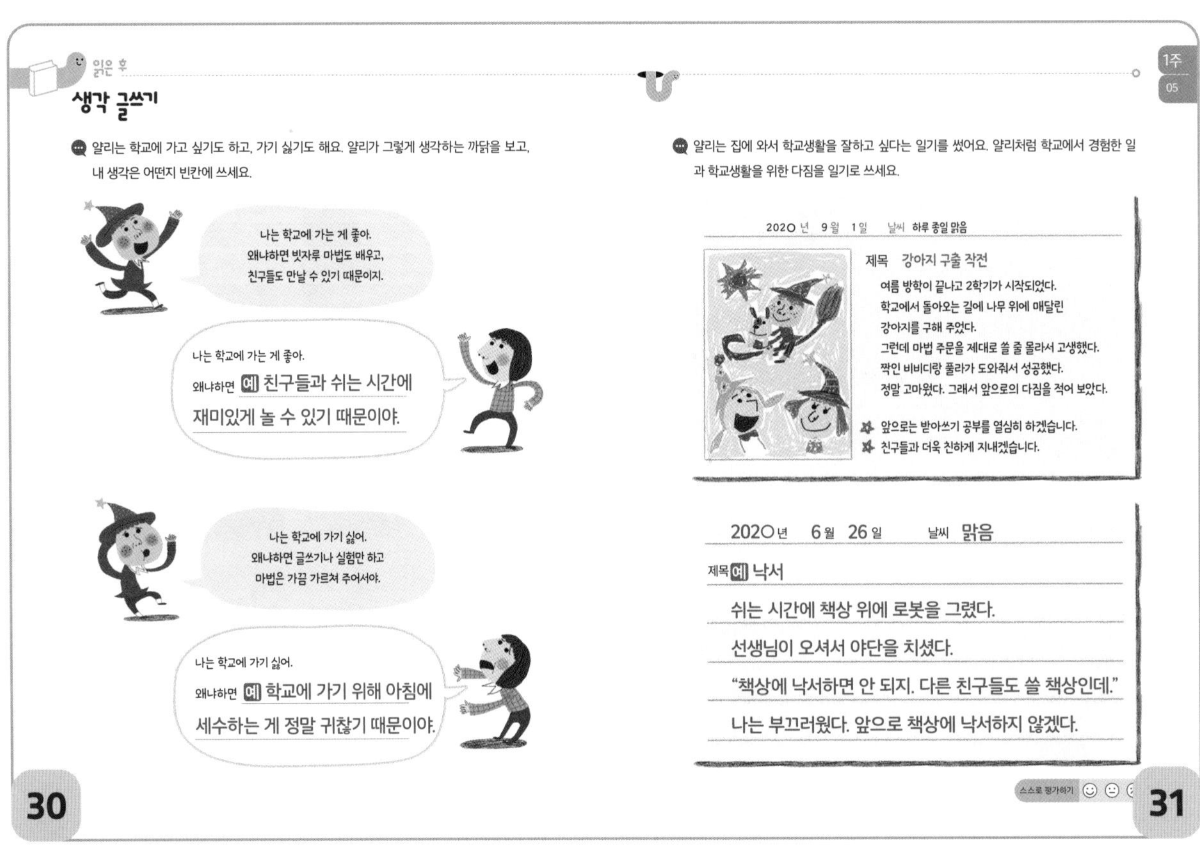

도움말 학교에 대한 아이의 생각을 알아봅니다. 가고 싶은 이유를 많이 말하게 해 주세요.

도움말 일기 형식을 빌려서 학교생활에 대해 써 봅니다.

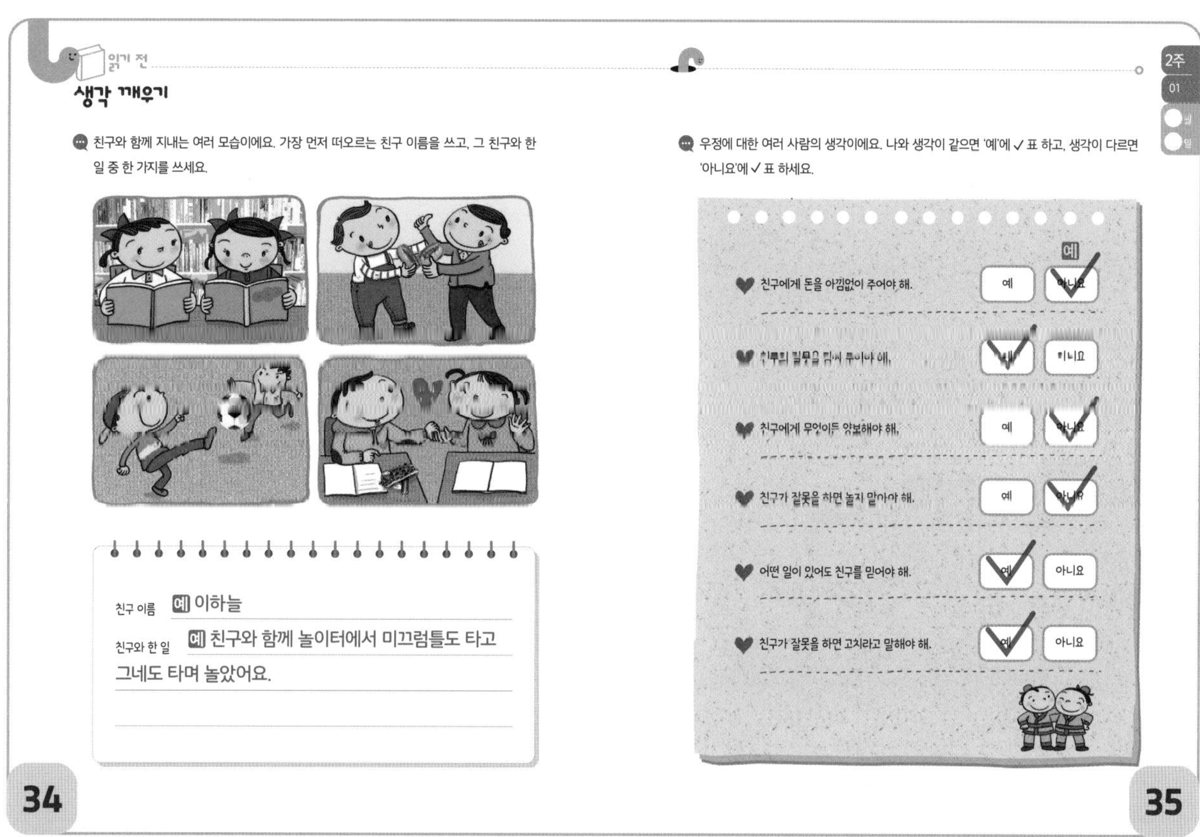

도움말 친구와 무엇을 함께했는지 말해 보고, 친구란 무엇을 함께하는 존재인지 생각해 봅니다.

도움말 참된 우정에 대해 생각해 보는 열린 문제입니다. 자유롭게 자신의 생각을 표현해 보도록 해 주세요. 이야기에서 말하는 우정의 모습과 달라도 상관없습니다.

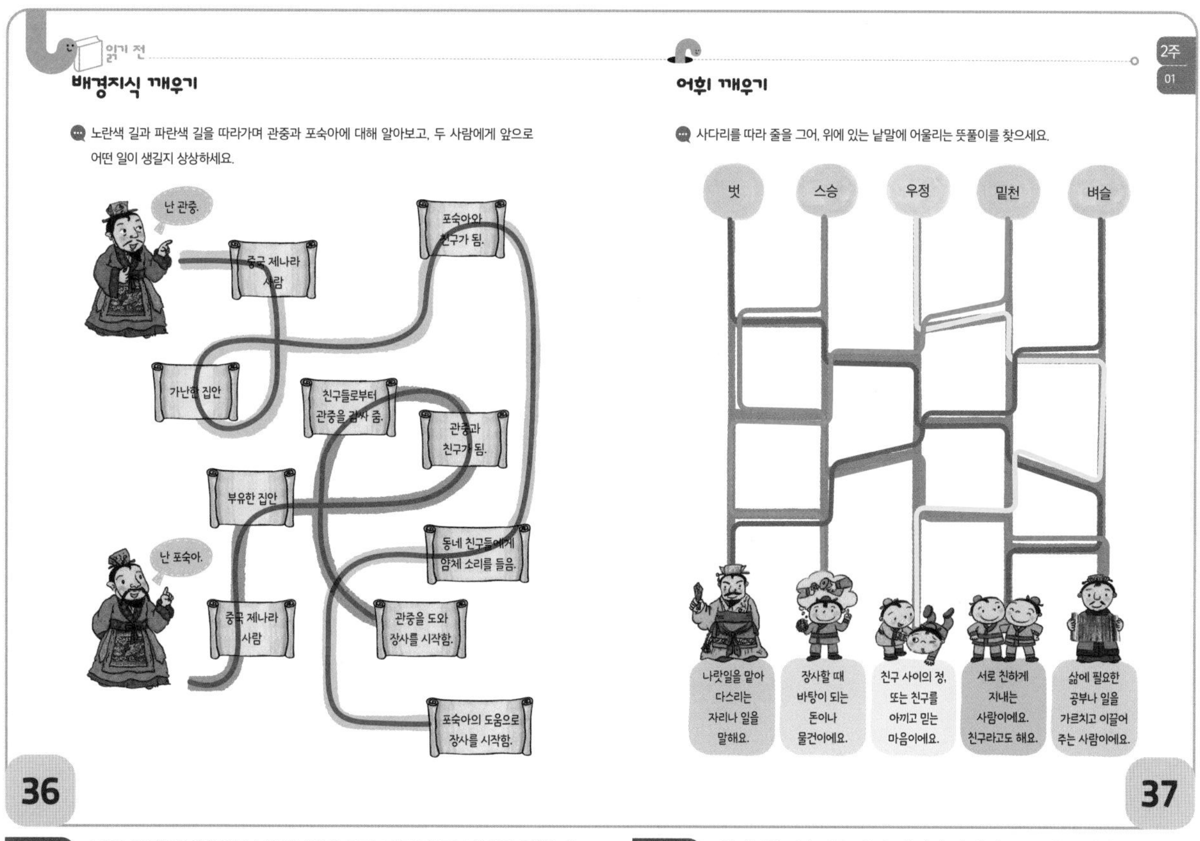

도움말 길을 따라가며 알아본 바를 바탕으로 나중에 두 사람이 어떻게 지냈을지 생각해 보게 합니다.

도움말 위에 있는 낱말을 따라 내려가 낱말의 뜻풀이를 알아봅니다.

관중과 포숙아의 참된 우정

옛날 중국 제나라에 관중과 포숙아라는 남자 친구들이 살았어요. 포숙아의 집은 부자였지만 관중은 *홀어머니와 함께 가난하게 살았어요. 하지만 둘이 서로 좋아하고 아끼는 마음은 똑같았어요. 둘은 날마다 해가 뜨자마자 만나 함께 먹고, 함께 공부하고, 함께 놀았어요.

"관중아, 떡 싸 왔어. 공부하고 나서 같이 먹자."

"우아, 맛있겠다. 고마워. 먹고 나서 *개울에 놀러 가자!"

관중과 포숙아는 세상에 둘도 없는 벗이었어요.

홀어머니
남편을 잃고 혼자 자식을 키우며 사는 여자.

개울
골짜기나 들에 흐르는 작은 물줄기.

그런데 관중은 동네 친구들과 놀 때마다 몰래 일찍 갔어요. 또 함께 놀다 *꾸중 들을 일이 생기면 슬그머니 빠져나갔어요. 동네 친구들은 관중을 좋아하지 않았지요.

"관중은 의리도 없고 *얌체야. 이것 봐. 오늘도 미꾸라지처럼 도망갔잖아!"

하지만 포숙아는 동네 친구들과 생각이 달랐어요.

"홀로 계신 어머니가 걱정하실까 봐 간 거야. 그러니까 관중은 얌체가 아니야."

"치, 포숙아는 관중에게 너무 너그러워."

동네 친구들은 답답해했지만 포숙아는 늘 관중을 감쌌어요. 또 관중이 잘못한 일이 있을 때는 대신 나서서 잘못을 빌었어요.

꾸중
아랫사람의 잘못을 꾸짖는 말.

얌체
양심이 없어서 스스로 부끄러워하지 않는 사람.

질문 톡 관중은 누구와 살았나요?
☐ 홀아버지 ☑ 홀어머니

질문 톡 동네 친구들은 관중을 좋아했나요?
☐ 예 ☑ 아니요

시간이 흘러 관중과 포숙아는 어른이 되었어요. 가난한 집안을 책임지기 위해 돈을 벌어야 했던 관중은 포숙아를 찾아가 이렇게 말했어요.

"*장사를 해 보면 어떨까 하는데, 자네가 좀 도와주겠나?"

관중이 묻자 포숙아는 바로 대답했어요.

"좋지. 함께 해 보세. 장사에 필요한 돈은 걱정 말게."

관중과 포숙아는 곧 함께 장사를 시작했어요. 포숙아는 장사 밑천을 많이 냈고, 관중은 조금 냈어요. 사람들은 관중이 얌체 같다며 *수군거렸어요. 포숙아는 자신이 부유하니 돈을 많이 내는 게 당연하다고 생각했지요.

장사
이익을 얻기 위해 물건을 사서 파는 일.

수군거리다
남이 알아듣지 못하도록 낮은 목소리로 자꾸 가만가만 이야기하다.

포숙아는 장사를 해서 번 돈도 관중에게 더 많이 주었어요. 관중은 언제나 포숙아보다 훨씬 많은 돈을 가지고 갔지요.

사람들은 관중을 보고 욕심쟁이라고 욕했어요.

"장사는 둘이 하는데 돈은 관중이 더 많이 *차지하다니! 포숙아는 정말 바보야."

그런 이야기를 들을 때면 포숙아는 웃으면서 말했어요.

"가난한 집안 살림에 돈을 보태야 하는 관중에게 돈을 더 주는 게 당연하지. 관중은 *생활력과 책임감이 강한 친구인걸."

포숙아가 마음을 써 준 덕에 관중은 어려운 집안을 계속 도울 수 있었어요.

차지하다
물건이나 공간, 지위 등을 자기 몫으로 가지다.

생활력
사회생활을 유지하기 위해 필요한 능력.

질문 톡 관중과 포숙아는 무엇을 시작했나요?
☐ 농사 ☑ 장사

질문 톡 장사를 해서 번 돈은 누가 더 많이 가져갔나요?
☑ 관중 ☐ 포숙아

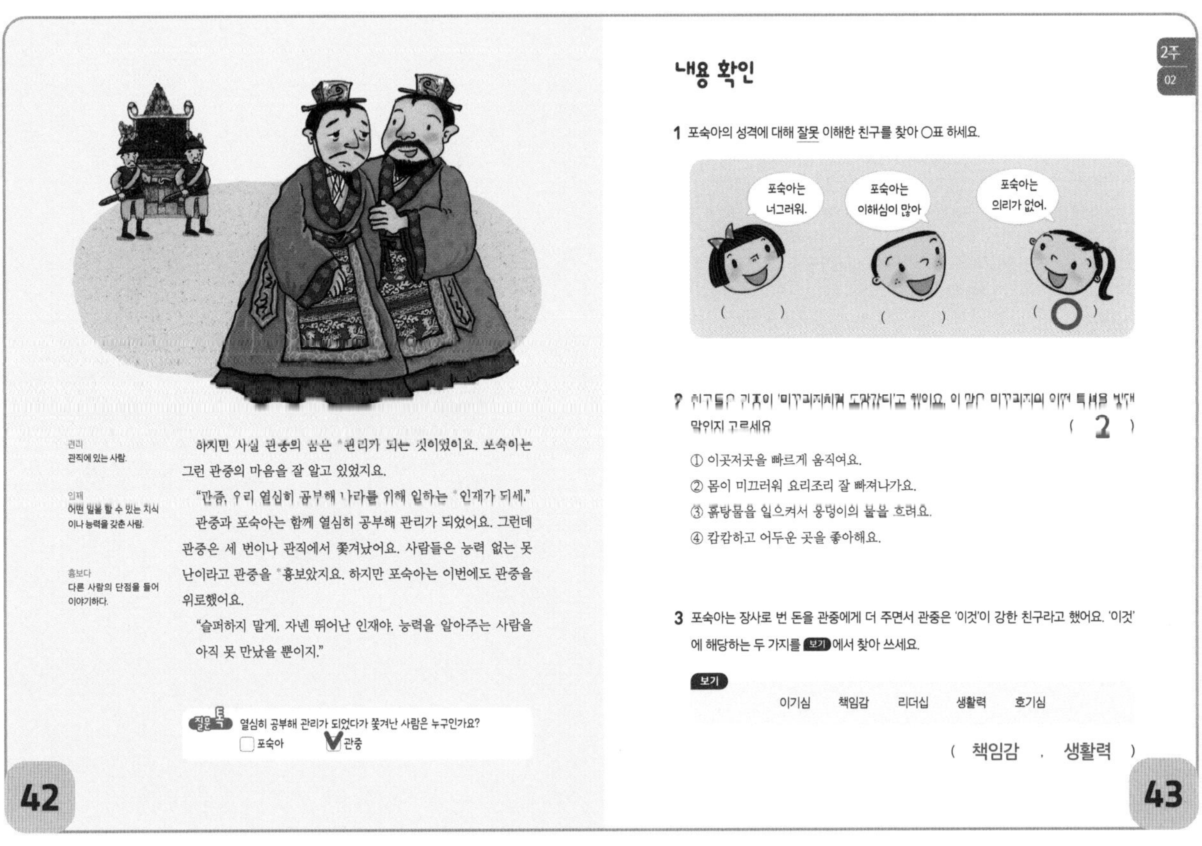

관리
관직에 있는 사람.

인재
어떤 일을 할 수 있는 지식이나 능력을 갖춘 사람.

흉보다
다른 사람의 단점을 들어 이야기하다.

하지만 사실 관중의 꿈은 *관리가 되는 것이었어요. 포숙아는 그런 관중의 마음을 잘 알고 있었지요.

"관중, 우리 열심히 공부해 나라를 위해 일하는 *인재가 되세."

관중과 포숙아는 함께 열심히 공부해 관리가 되었어요. 그런데 관중은 세 번이나 관직에서 쫓겨났어요. 사람들은 능력 없는 못난이라고 관중을 *흉보았지요. 하지만 포숙아는 이번에도 관중을 위로했어요.

"슬퍼하지 말게. 자넨 뛰어난 인재야. 능력을 알아주는 사람을 아직 못 만났을 뿐이지."

질문톡 열심히 공부해 관리가 되었다가 쫓겨난 사람은 누구인가요?
☐ 포숙아 ☑ 관중

42

2주 02

내용 확인

1 포숙아의 성격에 대해 잘못 이해한 친구를 찾아 ○표 하세요.

( ) ( ) (○)

2 친구들은 관중이 '미꾸라지처럼 도망갔다'고 했어요. 이 말은 미꾸라지의 어떤 특성을 빗대 말인지 고르세요. (2)

① 이곳저곳을 빠르게 움직여요.
② 몸이 미끄러워 요리조리 잘 빠져나가요.
③ 흙탕물을 일으켜서 웅덩이의 물을 흐려요.
④ 캄캄하고 어두운 곳을 좋아해요.

3 포숙아는 장사로 번 돈을 관중에게 더 주면서 관중은 '이것'이 강한 친구라고 했어요. '이것'에 해당하는 두 가지를 보기에서 찾아 쓰세요.

보기
이기심 책임감 리더십 생활력 호기심

(책임감 , 생활력)

43

모시다
웃어른이나 존경하는 이를 가까이에서 받들다.

처지
처해 있는 사정이나 형편.

그 뒤 제나라는 다른 나라와 전쟁을 했어요. 관중은 군인으로 뽑혀 군대를 따라 전쟁터로 갔어요. 그런데 관중은 전쟁터에서 세 번이나 도망쳐 집으로 돌아왔어요. 사람들은 관중을 보고 겁쟁이라고 비웃었어요. 이번에도 포숙아는 관중을 감쌌어요.

"관중은 효자라, 늙은 어머님을 *모시려고 돌아온 겁니다."

사람들은 더 이상 관중을 욕하지 않았어요. 늙은 어머니를 모셔야 하는 관중의 *처지를 알게 되었기 때문이지요.

관중은 포숙아의 위로에 힘을 얻어 더욱 열심히 공부했어요. 다시 벼슬을 얻어 나라를 위해 일하려고 한 거지요.

질문톡 사람들은 전쟁터에서 도망친 관중에게 뭐라고 했나요?
☐ 효자 ☑ 겁쟁이

44

2주 03

몇 년 뒤에 관중은 둘째 왕자인 규의 스승이 되었어요. 포숙아는 셋째 왕자인 소백의 스승이 되었고요.

그때 제나라에는 세 왕자가 있었는데 사이가 좋지 않았어요. 어머니가 다 다른 데다가 모두 왕이 되고 싶어 했기 때문이에요. 그래서 왕이 죽자 둘째와 셋째 왕자는 도망을 가야 했지요.

"규 왕자님, 아무래도 형님을 피해 노나라로 가야겠습니다."

"소백 왕자님, 목숨이 *위태로우니 거나라로 피하시지요."

관중과 포숙아는 각자 왕자를 따라가느라 멀리 떨어졌어요. 하지만 벗을 아끼는 마음만은 *한결같았지요.

위태롭다
마음을 놓을 수 없을 만큼 위험하다.

한결같다
처음부터 끝까지 변함없이 꼭 같다.

질문톡 관중과 포숙아는 왕자들의 무엇이 되었나요?
☐ 호위병 ☑ 스승

45

2주 03

얼마 뒤, 형이 죽고 제나라가 위험해지자 두 왕자는 제나라로 돌아오기로 했어요. 먼저 돌아오는 왕자가 왕이 될 가능성이 높았지요. 관중은 자신이 모시는 규 왕자를 위해 *발 벗고 나섰어요.

"규 왕자님, 제가 먼저 가서 소백 왕자를 막겠습니다."

관중은 길목을 지키다가 소백 왕자에게 화살을 쏘았어요. 하지만 소백 왕자를 죽이는 데 실패했어요. 포숙아가 모시던 소백 왕자는 관중을 잡아 오라고 했지요. 잡혀가면 *비참하게 죽을 가능성이 컸지만, 관중은 포숙아가 도와줄 것을 믿는 터라 함부로 목숨을 끊지 않았어요.

발 벗고 나서다: 적극적으로 나서다.

비참하다: 더할 수 없이 슬프고 끔찍하다.

제나라에 끌려간 관중은 포숙아를 만나자 눈물을 흘렸어요.

"다시 보다니 꿈만 같군. 제나라를 위해 일하고 싶었는데……."

"약한 말은 말게. 자네는 살아서 꼭 나라를 위해 일해야 하네."

적이 되었던 관중에 대해서도 포숙아의 우정은 한결같았어요. 포숙아는 관중을 구하기 위해 소백 왕자를 찾아갔어요.

"*자비를 베풀어 관중을 살려 주십시오."

"관중은 나를 죽이려 했으니 죽어 *마땅하다."

소백 왕자는 관중을 용서하지 않으려 했어요.

자비: 남을 깊이 사랑하고 가엾게 여김. 또는 그렇게 여겨서 베푸는 혜택

마땅하다: 그렇게 하거나 되는 것이 옳다.

질문톡 관중은 누구를 죽이려고 했나요? ☑ 소백 왕자 ☐ 포숙아

질문톡 포숙아는 관중을 살려 달라고 누구에게 부탁했나요? ☐ 규 왕자 ☑ 소백 왕자

46 47

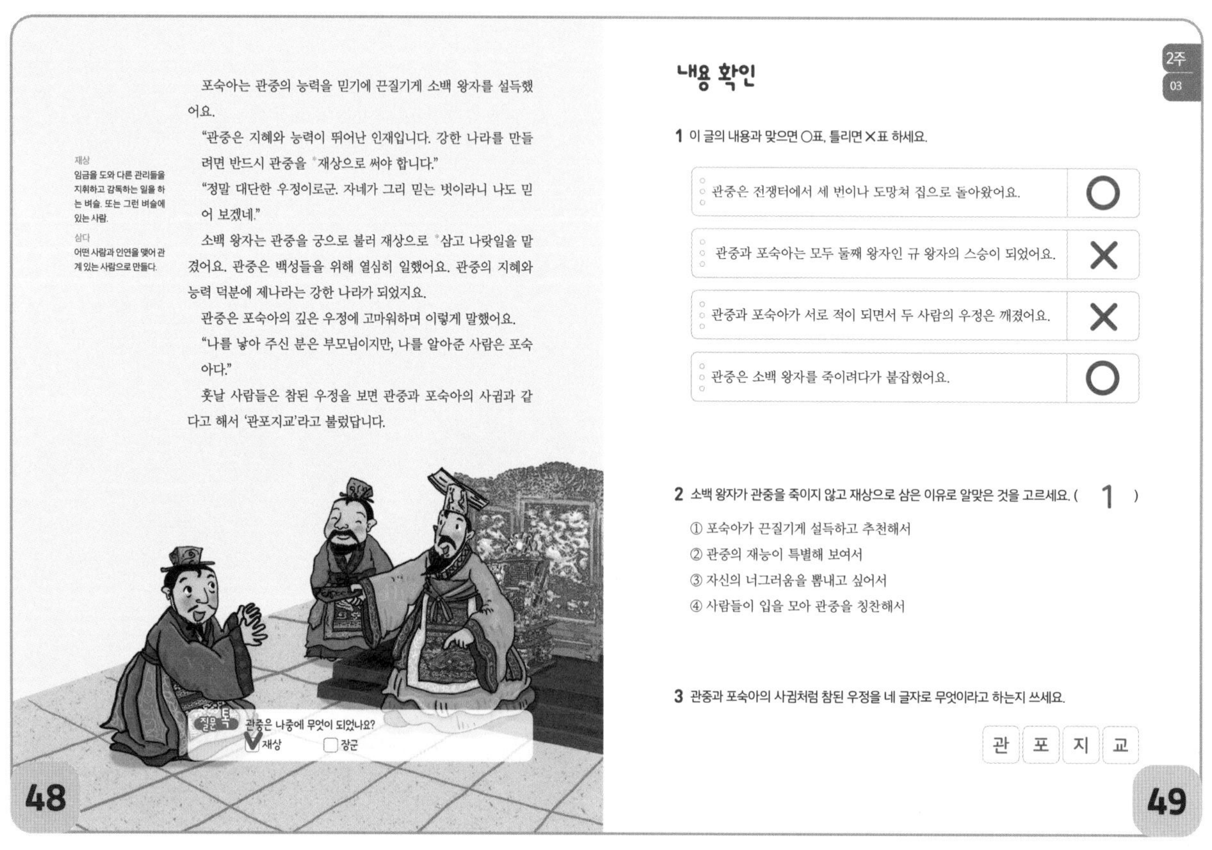

2주 03

포숙아는 관중의 능력을 믿기에 끈질기게 소백 왕자를 설득했어요.

"관중은 지혜와 능력이 뛰어난 인재입니다. 강한 나라를 만들려면 반드시 관중을 *재상으로 써야 합니다."

"정말 대단한 우정이로군. 자네가 그리 믿는 벗이라니 나도 믿어 보겠네."

소백 왕자는 관중을 궁으로 불러 재상으로 *삼고 나랏일을 맡겼어요. 관중은 백성들을 위해 열심히 일했어요. 관중의 지혜와 능력 덕분에 제나라는 강한 나라가 되었지요.

관중은 포숙아의 깊은 우정에 고마워하며 이렇게 말했어요.

"나를 낳아 주신 분은 부모님이지만, 나를 알아준 사람은 포숙아다."

훗날 사람들은 참된 우정을 보면 관중과 포숙아의 사귐과 같다고 해서 '관포지교'라고 불렀답니다.

재상: 임금을 도와 다른 관리들을 지휘하고 감독하는 일을 하는 벼슬. 또는 그런 벼슬에 있는 사람.

삼다: 어떤 사람과 인연을 맺어 관계 있는 사람으로 만들다.

질문톡 관중은 나중에 무엇이 되었나요? ☑ 재상 ☐ 장군

내용 확인

1 이 글의 내용과 맞으면 ○표, 틀리면 ×표 하세요.

관중은 전쟁터에서 세 번이나 도망쳐 집으로 돌아왔어요.	○
관중과 포숙아는 모두 둘째 왕자인 규 왕자의 스승이 되었어요.	×
관중과 포숙아가 서로 적이 되면서 두 사람의 우정은 깨졌어요.	×
관중은 소백 왕자를 죽이려다가 붙잡혔어요.	○

2 소백 왕자가 관중을 죽이지 않고 재상으로 삼은 이유로 알맞은 것을 고르세요. (1)

① 포숙아가 끈질기게 설득하고 추천해서
② 관중의 재능이 특별해 보여서
③ 자신의 너그러움을 뽐내고 싶어서
④ 사람들이 입을 모아 관중을 칭찬해서

3 관중과 포숙아의 사귐처럼 참된 우정을 네 글자로 무엇이라고 하는지 쓰세요.

관 포 지 교

48 49

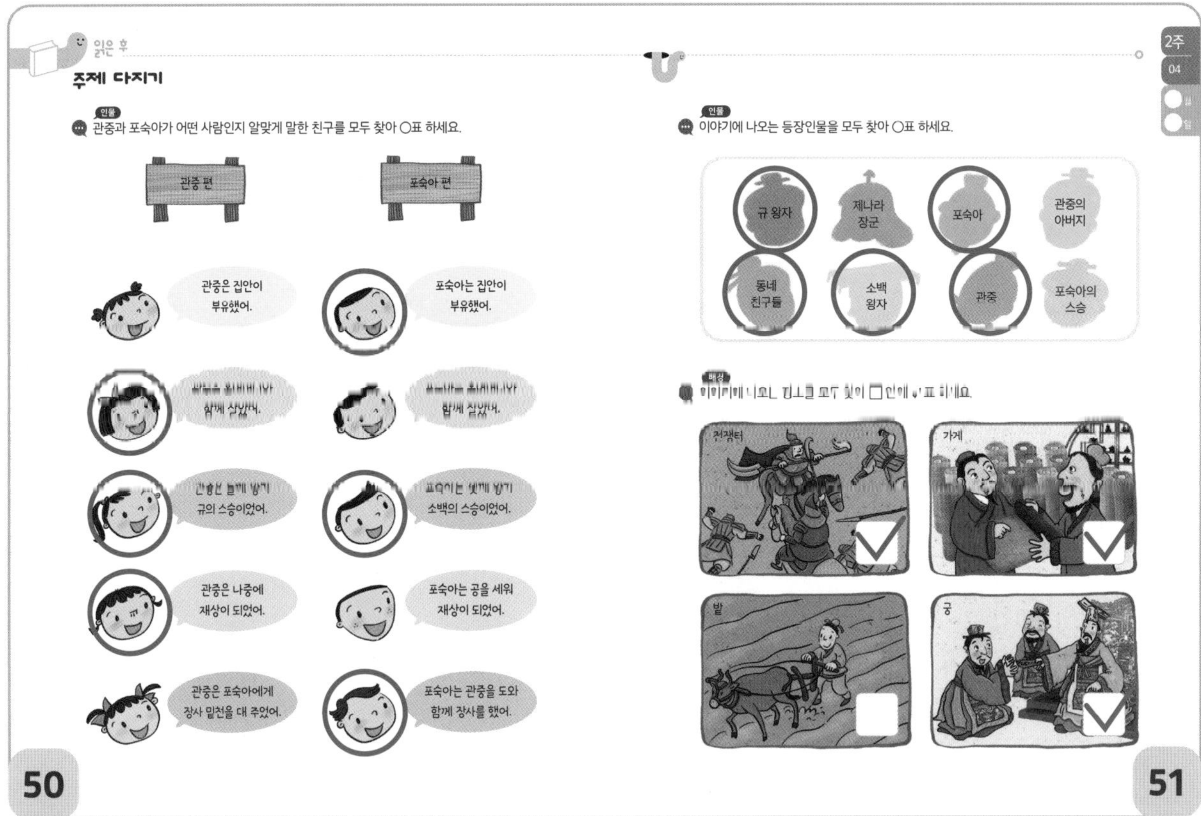

읽은 후
주제 다지기
인물
관중과 포숙아가 어떤 사람인지 알맞게 말한 친구를 모두 찾아 ○표 하세요.
관중 편
포숙아 편
관중은 집안이 부유했어.
포숙아는 집안이 부유했어.
규의 스승이었어.
소백의 스승이었어.
관중은 나중에 재상이 되었어.
포숙아는 공을 세워 재상이 되었어.
관중은 포숙아에게 장사 밑천을 대 주었어.
포숙아는 관중을 도와 함께 장사를 했어.
50
2주
04
인물
이야기에 나오는 등장인물을 모두 찾아 ○표 하세요.
규 왕자
제나라 장군
포숙아
관중의 아버지
동네 친구들
소백 왕자
관중
포숙아의 스승
전쟁터
가게
밭
궁
51

도움말 이야기를 읽고, 관중과 포숙아에 대한 기본적인 내용을 알아보는 문제입니다.

도움말 등장인물을 알아보는 문제입니다. 등장인물은 이야기에 나오는 인물을 말합니다.

도움말 이야기의 배경이 되는 장소를 알아봅니다.

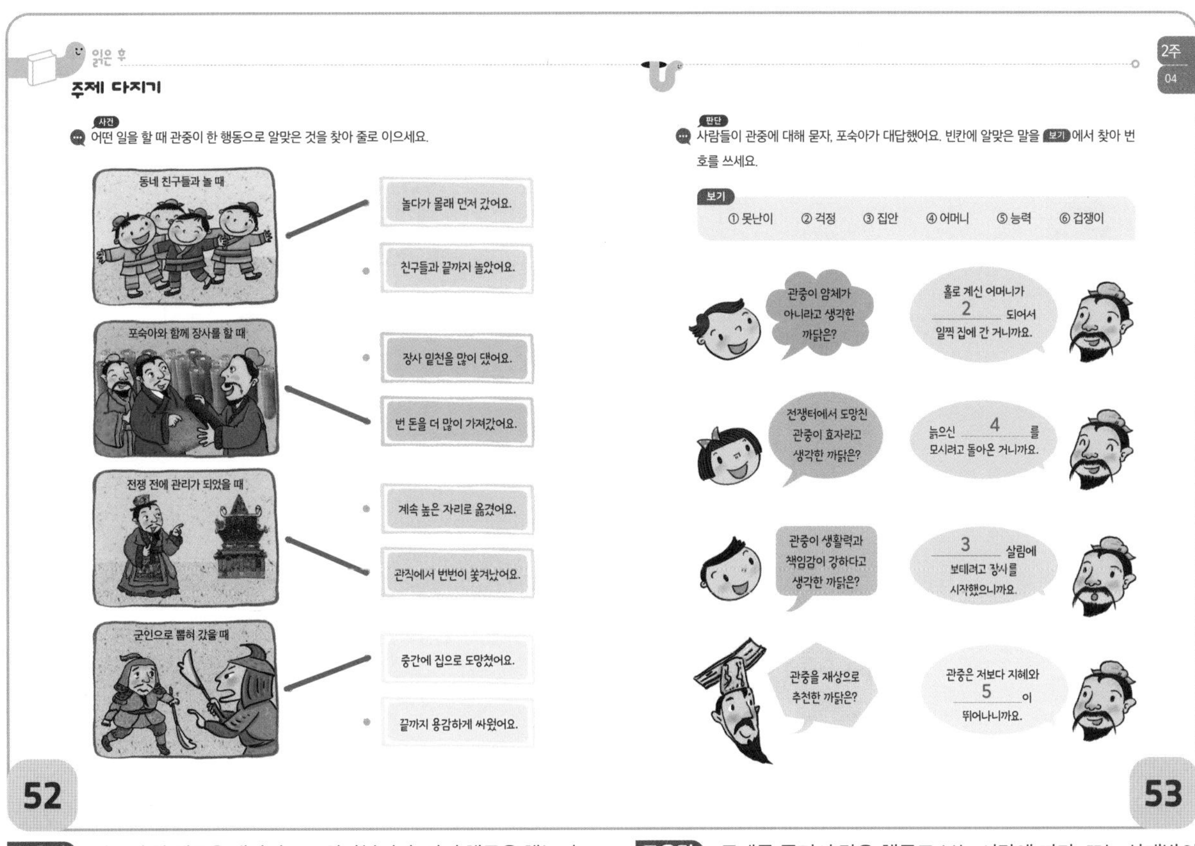

읽은 후
주제 다지기
사건
어떤 일을 할 때 관중이 한 행동으로 알맞은 것을 찾아 줄로 이으세요.
동네 친구들과 놀 때
놀다가 몰래 먼저 갔어요.
친구들과 끝까지 놀았어요.
포숙아와 함께 장사를 할 때
장사 밑천을 많이 댔어요.
번 돈을 더 많이 가져갔어요.
전쟁 전에 관리가 되었을 때
계속 높은 자리로 옮겼어요.
관직에서 번번이 쫓겨났어요.
군인으로 뽑혀 갔을 때
중간에 집으로 도망쳤어요.
끝까지 용감하게 싸웠어요.
52
2주
04
판단
사람들이 관중에 대해 묻자, 포숙아가 대답했어요. 빈칸에 알맞은 말을 보기에서 찾아 번호를 쓰세요.
보기
① 못난이 ② 걱정 ③ 집안 ④ 어머니 ⑤ 능력 ⑥ 겁쟁이
관중이 얌체가 아니라고 생각한 까닭은?
홀로 계신 어머니가 2 되어서 일찍 집에 간 거니까요.
전쟁터에서 도망친 관중이 효자라고 생각한 까닭은?
늙으신 4 를 모시려고 돌아온 거니까요.
관중이 생활력과 책임감이 강하다고 생각한 까닭은?
3 살림에 보태려고 장사를 시작했으니까요.
관중을 재상으로 추천한 까닭은?
관중은 저보다 지혜와 5 이 뛰어나니까요.
53

도움말 관중이 한 행동을 객관적으로 알아봅니다. 어떤 행동을 했는지만 확인하도록 해 주세요.

도움말 문제를 풀면서 같은 행동도 보는 시각에 따라, 또는 상대방의 사정을 알고 보면 다르다는 것을 알아봅니다.

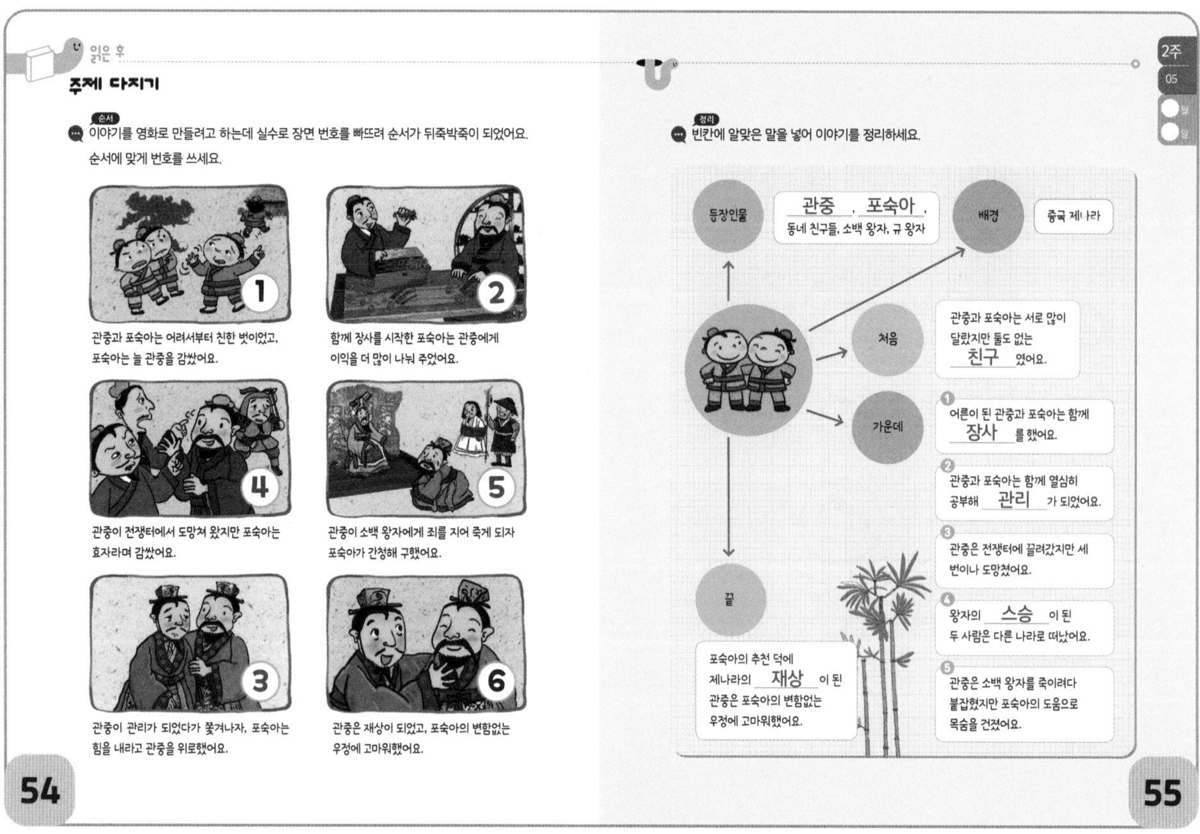

읽은 후

주제 다지기

순서

이야기를 영화로 만들려고 하는데 실수로 장면 번호를 빠뜨려 순서가 뒤죽박죽이 되었어요. 순서에 맞게 번호를 쓰세요.

1 관중과 포숙아는 어려서부터 친한 벗이었고, 포숙아는 늘 관중을 감쌌어요.

2 함께 장사를 시작한 포숙아는 관중에게 이익을 더 많이 나눠 주었어요.

4 관중이 전쟁터에서 도망쳐 왔지만 포숙아는 효자라며 감쌌어요.

5 관중이 소백 왕자에게 죄를 지어 죽게 되자 포숙아가 간청해 구했어요.

3 관중이 관리가 되었다가 쫓겨나자, 포숙아는 힘을 내라고 관중을 위로했어요.

6 관중은 재상이 되었고, 포숙아의 변함없는 우정에 고마워했어요.

54

2주 05 월 일

정리

빈칸에 알맞은 말을 넣어 이야기를 정리하세요.

등장인물: 관중, 포숙아, 동네 친구들, 소백 왕자, 규 왕자

배경: 중국 제나라

처음: 관중과 포숙아는 서로 많이 달랐지만 둘도 없는 친구였어요.

가운데:
1 어른이 된 관중과 포숙아는 함께 장사를 했어요.
2 관중과 포숙아는 함께 열심히 공부해 관리가 되었어요.
3 관중은 전쟁터에 끌려갔지만 세 번이나 도망쳤어요.
4 왕자의 스승이 된 두 사람은 다른 나라로 떠났어요.
5 관중은 소백 왕자를 죽이려다 붙잡혔지만 포숙아의 도움으로 목숨을 건졌어요.

끝: 포숙아의 추천 덕에 제나라의 재상이 된 관중은 포숙아의 변함없는 우정에 고마워했어요.

55

도움말 이야기의 흐름을 알아보는 문제입니다. 관중과 포숙아가 어릴 때 있었던 일부터 순서대로 떠올리도록 해 주세요.

도움말 글을 도식화하여 요약 정리해 보는 문제입니다. 내용이 기억나지 않으면 글을 다시 읽어 보면서 알맞은 내용을 쓰도록 지도해 주세요.

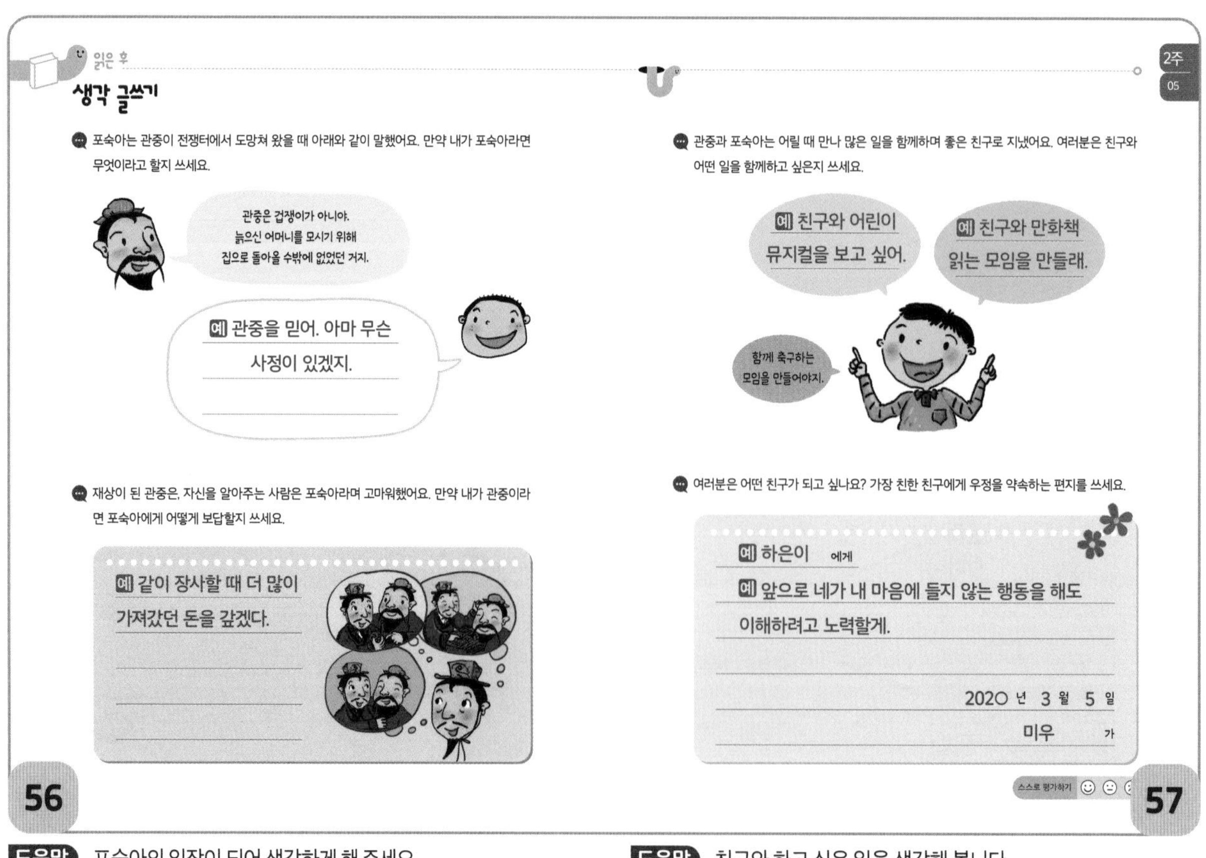

읽은 후

생각 글쓰기

포숙아는 관중이 전쟁터에서 도망쳐 왔을 때 아래와 같이 말했어요. 만약 내가 포숙아라면 무엇이라고 할지 쓰세요.

예 관중을 믿어. 아마 무슨 사정이 있겠지.

재상이 된 관중은, 자신을 알아주는 사람은 포숙아라며 고마워했어요. 만약 내가 관중이라면 포숙아에게 어떻게 보답할지 쓰세요.

예 같이 장사할 때 더 많이 가져갔던 돈을 갚겠다.

56

2주 05

관중과 포숙아는 어릴 때 만나 많은 일을 함께하며 좋은 친구로 지냈어요. 여러분은 친구와 어떤 일을 함께하고 싶은지 쓰세요.

예 친구와 어린이 뮤지컬을 보고 싶어.

예 친구와 만화책 읽는 모임을 만들래.

여러분은 어떤 친구가 되고 싶나요? 가장 친한 친구에게 우정을 약속하는 편지를 쓰세요.

예 하은이 에게

예 앞으로 네가 내 마음에 들지 않는 행동을 해도 이해하려고 노력할게.

2020 년 3 월 5 일

미우 가

스스로 평가하기

57

도움말 포숙아의 입장이 되어 생각하게 해 주세요.

도움말 관중의 입장이 되어 생각하게 해 주세요.

도움말 친구와 하고 싶은 일을 생각해 봅니다.

도움말 어떤 친구가 되고 싶은지 생각해서 씁니다.

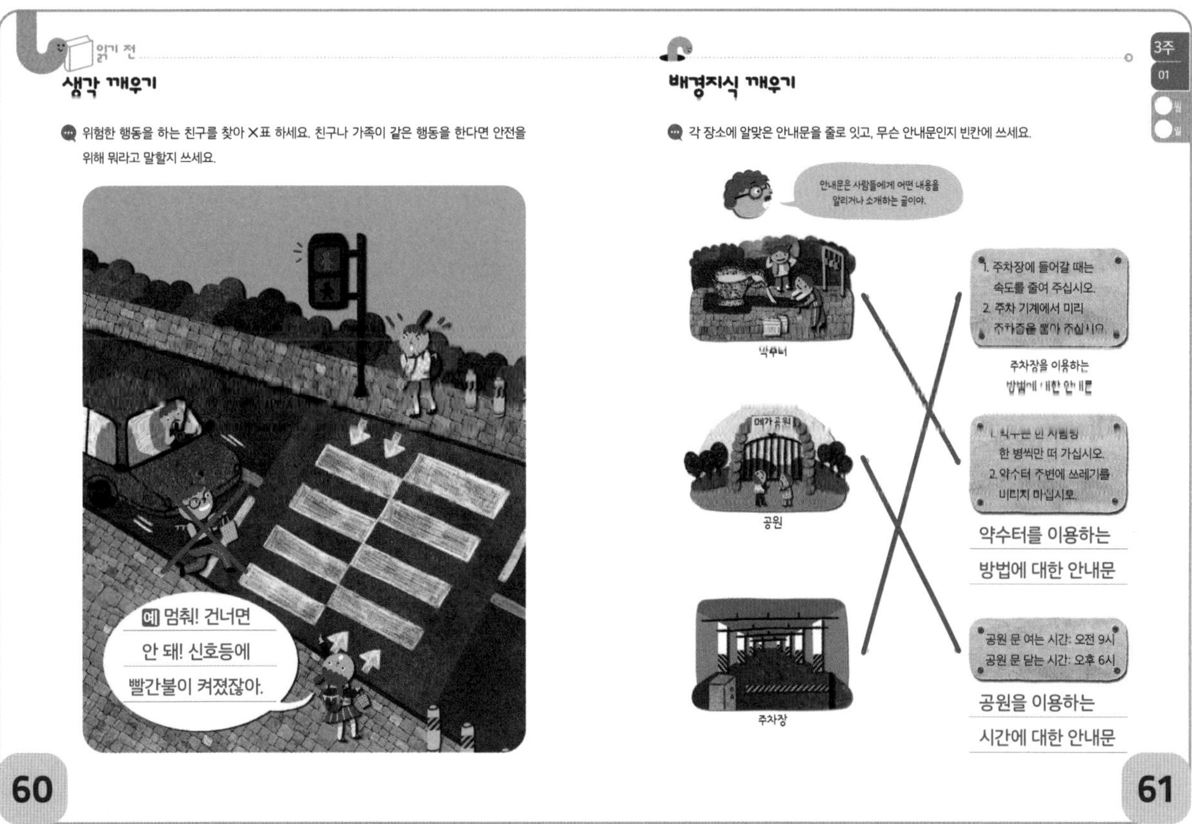
읽기 전

생각 깨우기

위험한 행동을 하는 친구를 찾아 ×표 하세요. 친구나 가족이 같은 행동을 한다면 안전을 위해 뭐라고 말할지 쓰세요.

배경지식 깨우기

각 장소에 알맞은 안내문을 줄로 잇고, 무슨 안내문인지 빈칸에 쓰세요.

60 61

도움말 횡단보도를 건널 때 주의할 점을 알아봅니 다. 아이가 아는 수준에서 말해 보게 해 주세요.

도움말 장소에 어울리는 안내문을 찾는 문제입니다. 약수터에서 지킬 일을 알려 주는 안내문이나 공원문 여는 시간과 문 닫는 시간을 알려 주는 안내문 같은 형식으로 답해도 상관없습니다.

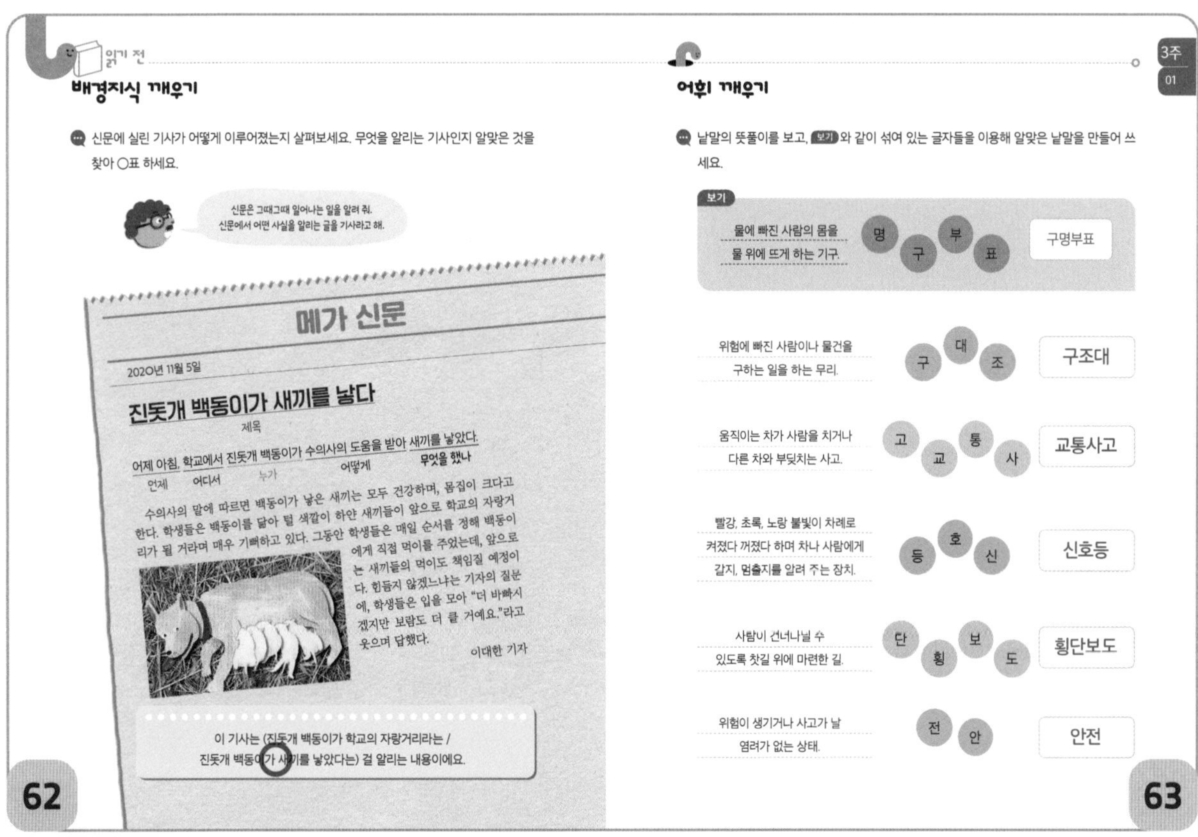
읽기 전

배경지식 깨우기

신문에 실린 기사가 어떻게 이루어졌는지 살펴보세요. 무엇을 알리는 기사인지 알맞은 것을 찾아 ○표 하세요.

메가 신문

2020년 11월 5일

진돗개 백동이가 새끼를 낳다 (제목)

어제 아침(언제), 학교에서(어디서) 진돗개 백동이가(누가) 수의사의 도움을 받아(어떻게) 새끼를 낳았다(무엇을 했나).

수의사의 말에 따르면 백동이가 낳은 새끼는 모두 건강하며, 몸집이 크다고 한다. 학생들은 백동이를 닮아 털 색깔이 하얀 새끼들이 앞으로 학교의 자랑거리가 될 거라며 매우 기뻐하고 있다. 그동안 학생들은 매일 순서를 정해 백동이에게 직접 먹이를 주었는데, 앞으로는 새끼들의 먹이도 책임질 예정이다. 힘들지 않겠느냐는 기자의 질문에, 학생들은 입을 모아 "더 바빠시겠지만 보람도 더 클 거예요."라고 웃으며 답했다.

이대한 기자

이 기사는 (진돗개 백동이가 학교의 자랑거리라는 / 진돗개 백동이가 새끼를 낳았다는) 걸 알리는 내용이에요. [정답: 진돗개 백동이가 새끼를 낳았다는]

어휘 깨우기

낱말의 뜻풀이를 보고, 보기 와 같이 섞여 있는 글자들을 이용해 알맞은 낱말을 만들어 쓰세요.

보기: 물에 빠진 사람의 몸을 물 위에 뜨게 하는 기구. (명 구 부 표) → 구명부표

뜻풀이	글자	낱말
위험에 빠진 사람이나 물건을 구하는 일을 하는 무리.	구 대 조	구조대
움직이는 차가 사람을 치거나 다른 차와 부딪치는 사고.	고 교 통 사	교통사고
빨강, 초록, 노랑 불빛이 차례로 켜졌다 꺼졌다 하며 차나 사람에게 갈지, 멈출지를 알려 주는 장치.	등 호 신	신호등
사람이 건너다닐 수 있도록 찻길 위에 마련한 길.	단 횡 보 도	횡단보도
위험이 생기거나 사고가 날 염려가 없는 상태.	전 안	안전

62 63

도움말 신문 기사를 읽고, 무엇을 알리는 것인지 알아보는 문제입니다. 먼저 신문 기사는 어떤 사실을 알리는 글로, 기사에는 누가, 언제, 어디서, 어떻게, 왜, 무엇을 했는지가 들어 있다는 것을 알려 주세요.

도움말 뜻풀이에 맞는 낱말을 알아봅니다.

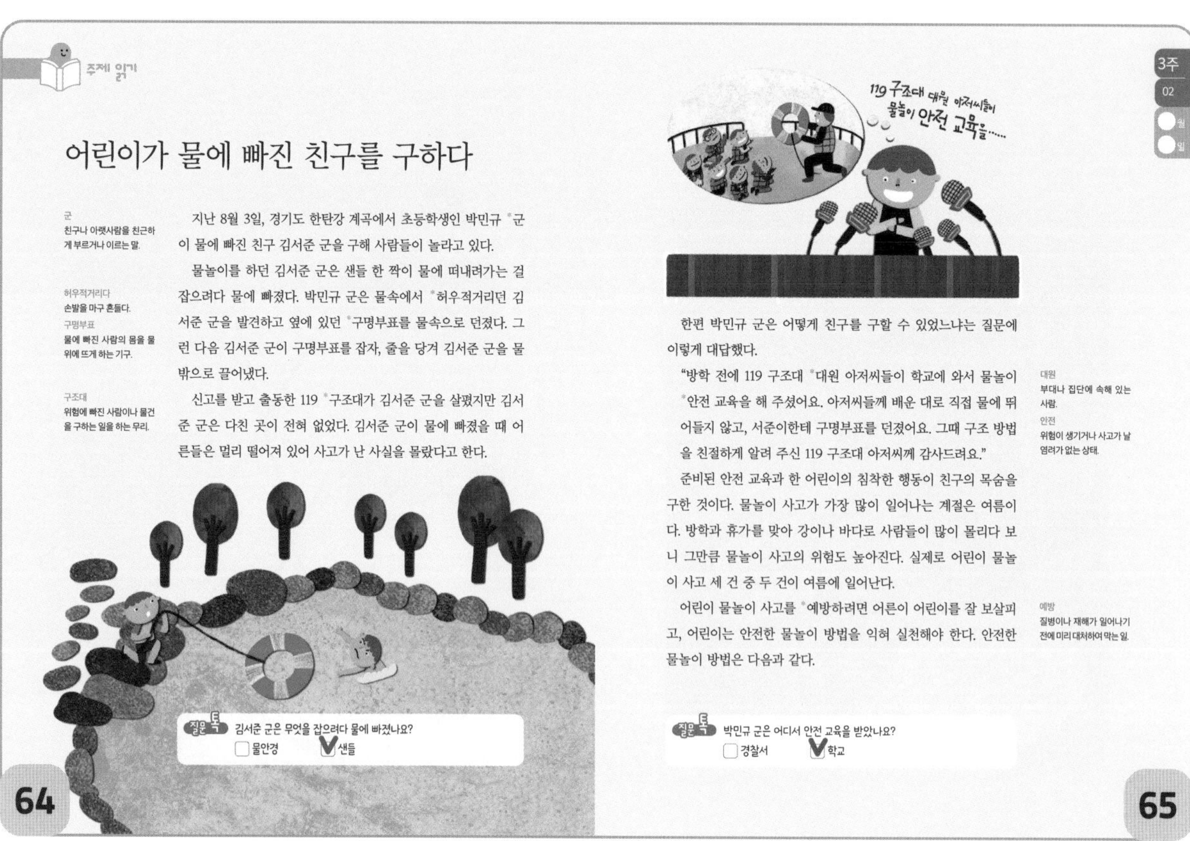

어린이가 물에 빠진 친구를 구하다

군
친구나 아랫사람을 친근하게 부르거나 이르는 말.

허우적거리다
손발을 마구 흔들다.

구명부표
물에 빠진 사람의 몸을 물 위에 뜨게 하는 기구.

구조대
위험에 빠진 사람이나 물건을 구하는 일을 하는 무리.

지난 8월 3일, 경기도 한탄강 계곡에서 초등학생인 박민규 *군이 물에 빠진 친구 김서준 군을 구해 사람들이 놀라고 있다.

물놀이를 하던 김서준 군은 샌들 한 짝이 물에 떠내려가는 걸 잡으려다 물에 빠졌다. 박민규 군은 물속에서 *허우적거리던 김서준 군을 발견하고 옆에 있던 *구명부표를 물속으로 던졌다. 그런 다음 김서준 군이 구명부표를 잡자, 줄을 당겨 김서준 군을 물 밖으로 끌어냈다.

신고를 받고 출동한 119 *구조대가 김서준 군을 살폈지만 김서준 군은 다친 곳이 전혀 없었다. 김서준 군이 물에 빠졌을 때 어른들은 멀리 떨어져 있어 사고가 난 사실을 몰랐다고 한다.

한편 박민규 군은 어떻게 친구를 구할 수 있었느냐는 질문에 이렇게 대답했다.

"방학 전에 119 구조대 *대원 아저씨들이 학교에 와서 물놀이 *안전 교육을 해 주셨어요. 아저씨들께 배운 대로 직접 물에 뛰어들지 않고, 서준이한테 구명부표를 던졌어요. 그때 구조 방법을 친절하게 알려 주신 119 구조대 아저씨께 감사드려요."

대원
부대나 집단에 속해 있는 사람.

안전
위험이 생기거나 사고가 날 염려가 없는 상태.

준비된 안전 교육과 한 어린이의 침착한 행동이 친구의 목숨을 구한 것이다. 물놀이 사고가 가장 많이 일어나는 계절은 여름이다. 방학과 휴가를 맞아 강이나 바다로 사람들이 많이 몰리다 보니 그만큼 물놀이 사고의 위험도 높아진다. 실제로 어린이 물놀이 사고 세 건 중 두 건이 여름에 일어난다.

어린이 물놀이 사고를 *예방하려면 어른이 어린이를 잘 보살피고, 어린이는 안전한 물놀이 방법을 익혀 실천해야 한다. 안전한 물놀이 방법은 다음과 같다.

예방
질병이나 재해가 일어나기 전에 미리 대처하여 막는 일.

질문 톡 김서준 군은 무엇을 잡으려다 물에 빠졌나요?
☐ 물안경 ☑ 샌들

질문 톡 박민규 군은 어디서 안전 교육을 받았나요?
☐ 경찰서 ☑ 학교

64 65

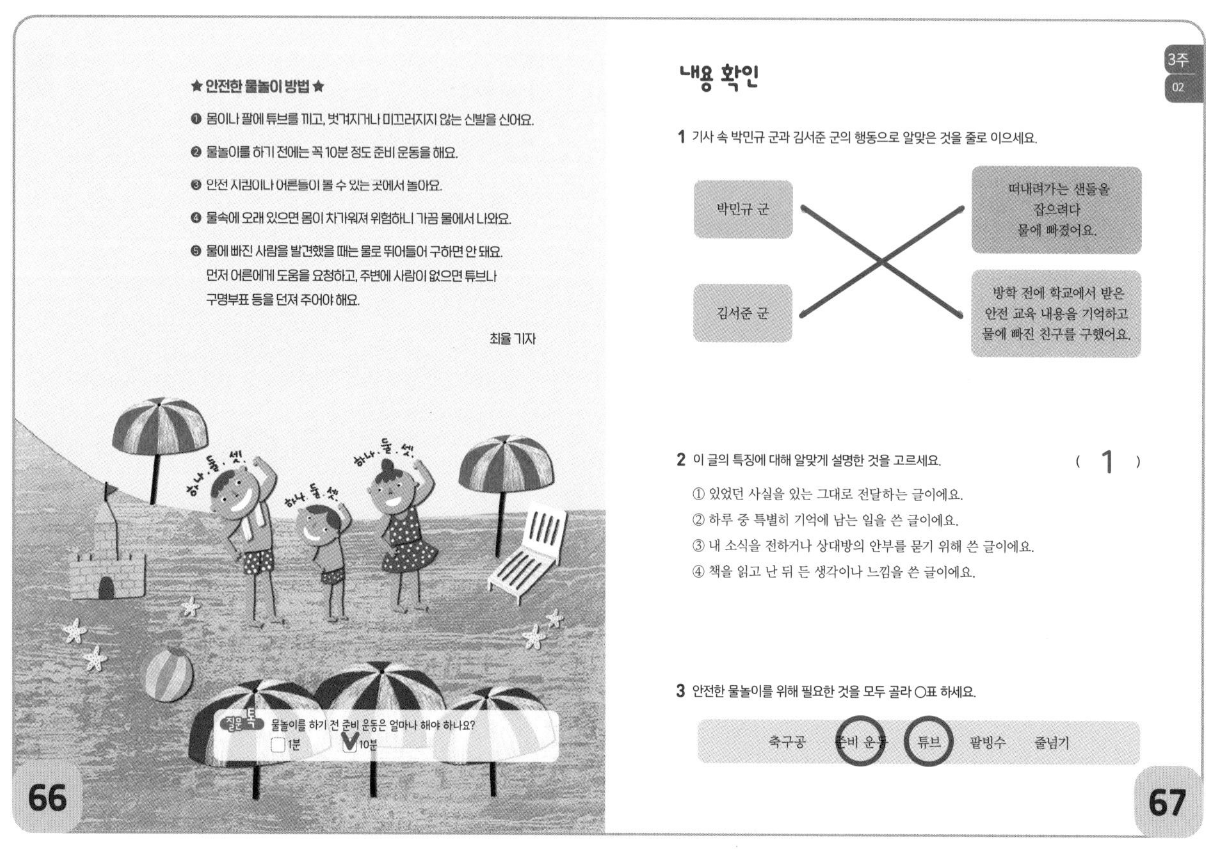

★ 안전한 물놀이 방법 ★

❶ 몸이나 팔에 튜브를 끼고, 벗겨지거나 미끄러지지 않는 신발을 신어요.
❷ 물놀이를 하기 전에는 꼭 10분 정도 준비 운동을 해요.
❸ 안전 시설이나 어른들이 볼 수 있는 곳에서 놀아요.
❹ 물속에 오래 있으면 몸이 차가워져 위험하니 가끔 물에서 나와요.
❺ 물에 빠진 사람을 발견했을 때는 물로 뛰어들어 구하면 안 돼요. 먼저 어른에게 도움을 요청하고, 주변에 사람이 없으면 튜브나 구명부표 등을 던져 주어야 해요.

최율 기자

질문 톡 물놀이를 하기 전 준비 운동은 얼마나 해야 하나요?
☐ 1분 ☑ 10분

내용 확인

1 기사 속 박민규 군과 김서준 군의 행동으로 알맞은 것을 줄로 이으세요.

박민규 군 — 방학 전에 학교에서 받은 안전 교육 내용을 기억하고 물에 빠진 친구를 구했어요.
김서준 군 — 떠내려가는 샌들을 잡으려다 물에 빠졌어요.

2 이 글의 특징에 대해 알맞게 설명한 것을 고르세요. (1)

① 있었던 사실을 있는 그대로 전달하는 글이에요.
② 하루 중 특별히 기억에 남는 일을 쓴 글이에요.
③ 내 소식을 전하거나 상대방의 안부를 묻기 위해 쓴 글이에요.
④ 책을 읽고 난 뒤 든 생각이나 느낌을 쓴 글이에요.

3 안전한 물놀이를 위해 필요한 것을 모두 골라 ○표 하세요.

축구공 (준비 운동) (튜브) 팥빙수 줄넘기

66 67

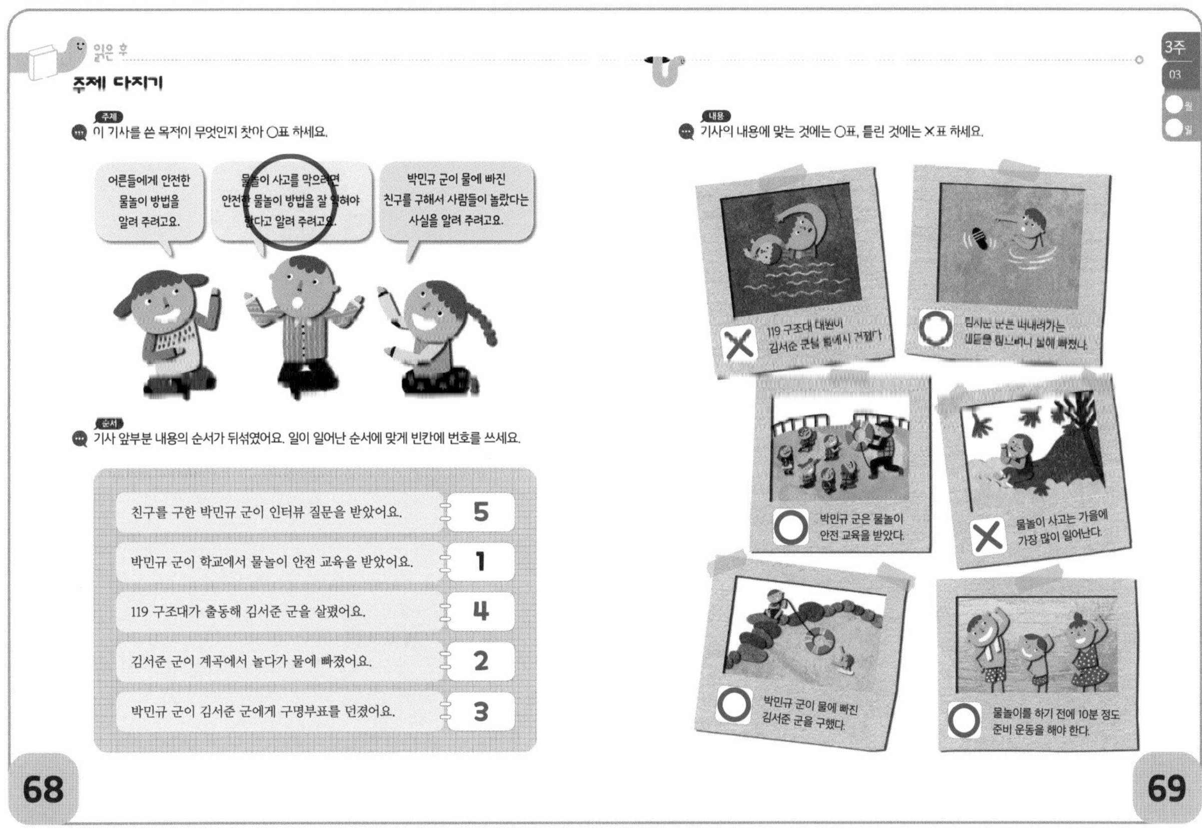

읽은 후
주제 다지기
주제
이 기사를 쓴 목적이 무엇인지 찾아 ○표 하세요.
어른들에게 안전한 물놀이 방법을 알려 주려고요.
물놀이 사고를 막으려면 안전한 물놀이 방법을 잘 익혀야 한다고 알려 주려고요.
박민규 군이 물에 빠진 친구를 구해서 사람들이 놀랐다는 사실을 알려 주려고요.
순서
기사 앞부분 내용의 순서가 뒤섞였어요. 일이 일어난 순서에 맞게 빈칸에 번호를 쓰세요.
친구를 구한 박민규 군이 인터뷰 질문을 받았어요. 5
박민규 군이 학교에서 물놀이 안전 교육을 받았어요. 1
119 구조대가 출동해 김서준 군을 살폈어요. 4
김서준 군이 계곡에서 놀다가 물에 빠졌어요. 2
박민규 군이 김서준 군에게 구명부표를 던졌어요. 3
68
3주
03
월
일
내용
기사의 내용에 맞는 것에는 ○표, 틀린 것에는 ✕표 하세요.
✕
○
○ 박민규 군은 물놀이 안전 교육을 받았다.
✕ 물놀이 사고는 가을에 가장 많이 일어난다.
○ 박민규 군이 물에 빠진 김서준 군을 구했다.
○ 물놀이를 하기 전에 10분 정도 준비 운동을 해야 한다.
69

도움말 기사의 목적을 알아봅니다.

도움말 기사를 읽고 사건이 일어난 순서를 되짚어 보는 문제입니다.

도움말 기사의 내용을 자세하게 알아봅니다.

읽은 후

주제 다지기

정보

안전한 물놀이 방법에 대한 글을 읽고, 알맞은 것을 골라 ○표 하세요.

- 물놀이할 때는 가끔 물에서 나와야 해요.
  → 물속에 오래 있으면 몸이 [차가워져서(○) / 뜨거워져서] 위험해요.
- 물에 빠진 사람을 발견하면 먼저 [친구 / 어른(○)]에게 도움을 요청해요.
  → 직접 물에 뛰어들어 구하려고 하면 나도 위험해질 수 있어요.
- 물놀이 전에는 10분 정도 준비 운동을 해요.
  → 차가운 물에 [갑자기(○) / 천천히] 들어가면 손과 발에 쥐가 날 수 있어요.
- 벗겨지거나 [더러워지지 / 미끄러지지(○)] 않는 신발을 신어요.
  → 물놀이를 하다가 미끄러운 바위나 자갈을 밟아도 넘어지지 않게요.

70

3주 03

정리

빈칸에 알맞은 말을 넣어 이 글을 정리하세요.

- 글의 목적: 물놀이 사고를 막으려면 안전한 물놀이 방법을 잘 익혀야 한다고 알려 주려고
- 누가: 초등학생 박민규 군이
- 언제: 지난 8월 3일
- 어디서: 경기도 한탄강 계곡 에서
- 무엇을 했나: 물에 빠진 김서준 군을 구했다.
- 왜: 김서준 군이 떠내려가는 샌들 을 잡으려다 물에 빠져서
- 어떻게: 구명부표 를 물속에 던진 뒤, 줄을 잡아 당겨서

71

도움말 문제를 통해 안전한 물놀이 방법과 그렇게 해야 하는 이유를 익힙니다.

도움말 글을 도식화하여 요약 정리해 보는 문제입니다. 내용이 기억나지 않으면 글을 다시 읽어 보면서 알맞은 내용을 쓰도록 지도해 주세요.

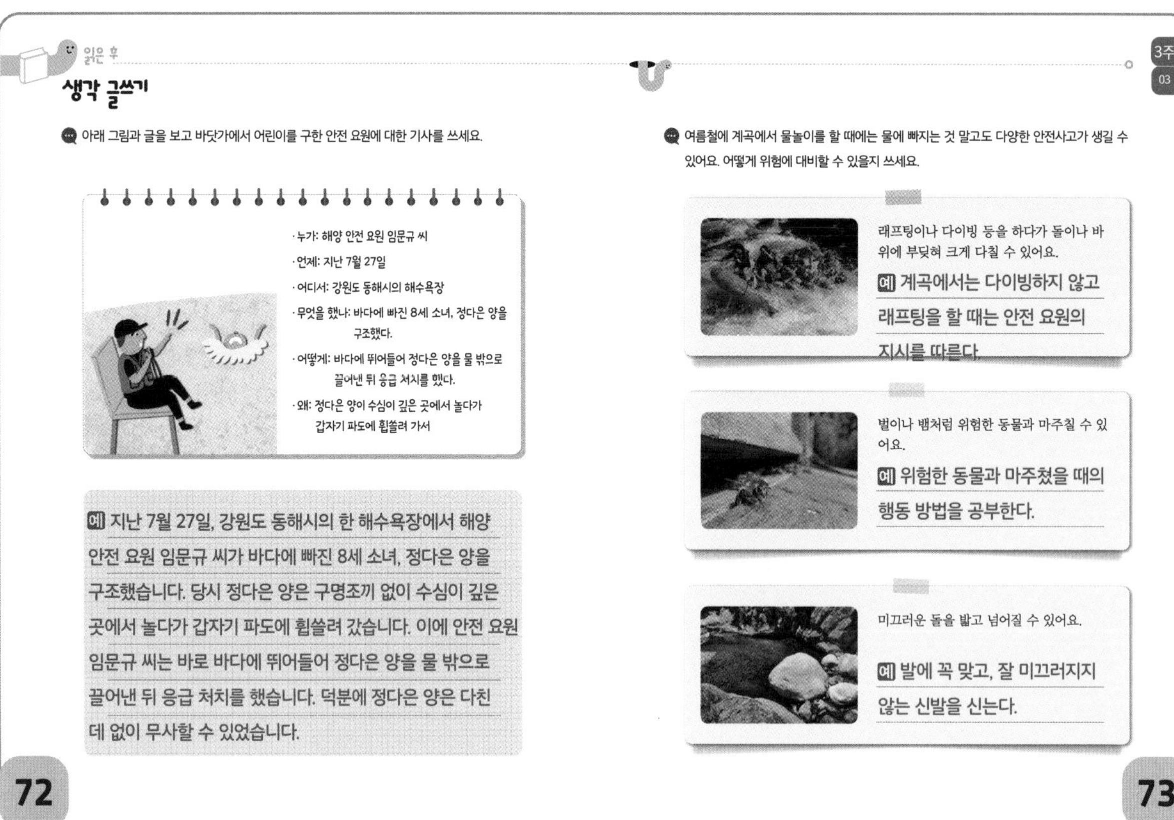
읽은 후

생각 글쓰기

아래 그림과 글을 보고 바닷가에서 어린이를 구한 안전 요원에 대한 기사를 쓰세요.

- 누가: 해양 안전 요원 임문규 씨
- 언제: 지난 7월 27일
- 어디서: 강원도 동해시의 해수욕장
- 무엇을 했나: 바다에 빠진 8세 소녀, 정다은 양을 구조했다.
- 어떻게: 바다에 뛰어들어 정다은 양을 물 밖으로 끌어낸 뒤 응급 처치를 했다.
- 왜: 정다은 양이 수심이 깊은 곳에서 놀다가 갑자기 파도에 휩쓸려 가서

예 지난 7월 27일, 강원도 동해시의 한 해수욕장에서 해양 안전 요원 임문규 씨가 바다에 빠진 8세 소녀, 정다은 양을 구조했습니다. 당시 정다은 양은 구명조끼 없이 수심이 깊은 곳에서 놀다가 갑자기 파도에 휩쓸려 갔습니다. 이에 안전 요원 임문규 씨는 바로 바다에 뛰어들어 정다은 양을 물 밖으로 끌어낸 뒤 응급 처치를 했습니다. 덕분에 정다은 양은 다친 데 없이 무사할 수 있었습니다.

72

3주 03

여름철에 계곡에서 물놀이를 할 때에는 물에 빠지는 것 말고도 다양한 안전사고가 생길 수 있어요. 어떻게 위험에 대비할 수 있을지 쓰세요.

래프팅이나 다이빙 등을 하다가 돌이나 바위에 부딪혀 크게 다칠 수 있어요.
예 계곡에서는 다이빙하지 않고 래프팅을 할 때는 안전 요원의 지시를 따른다.

벌이나 뱀처럼 위험한 동물과 마주칠 수 있어요.
예 위험한 동물과 마주쳤을 때의 행동 방법을 공부한다.

미끄러운 돌을 밟고 넘어질 수 있어요.
예 발에 꼭 맞고, 잘 미끄러지지 않는 신발을 신는다.

73

도움말 주어진 정보를 이용하여 기사를 써 보는 문제입니다. 모든 정보를 빠짐없이 쓰고 글의 내용이 자연스럽게 이어지도록 지도해 주세요.

도움말 다양한 물놀이 안전사고에 대해 상상해 보고, 사고를 예방할 방법을 찾는 문제입니다. 구체적인 상황과 대처 방법을 상상할 수 있도록 지도해 주세요.

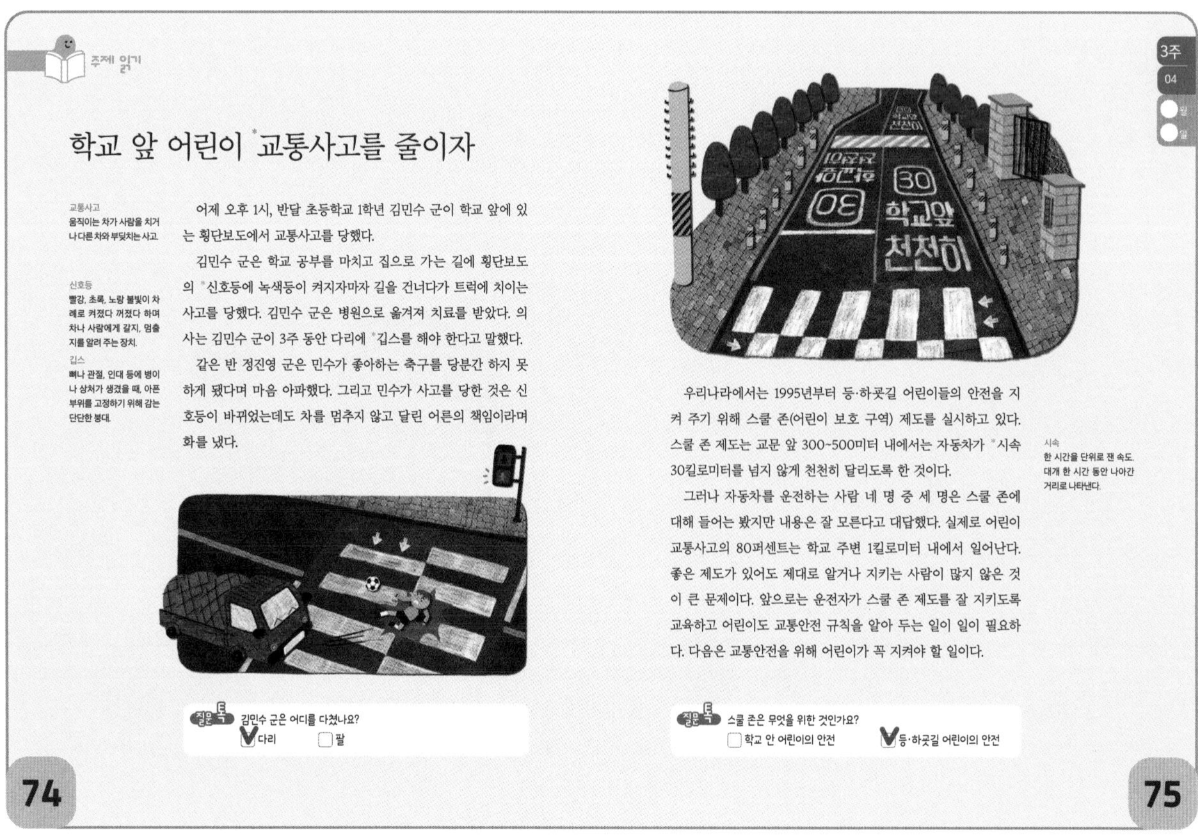
주제 읽기

학교 앞 어린이 *교통사고를 줄이자

교통사고
움직이는 차가 사람을 치거나 다른 차와 부딪치는 사고.

신호등
빨강, 초록, 노랑 불빛이 차례로 켜졌다 꺼졌다 하며 차나 사람에게 갈지, 멈출지를 알려 주는 장치.

깁스
뼈나 관절, 인대 등에 병이나 상처가 생겼을 때, 아픈 부위를 고정하기 위해 감는 단단한 붕대.

어제 오후 1시, 반달 초등학교 1학년 김민수 군이 학교 앞에 있는 횡단보도에서 교통사고를 당했다.

김민수 군은 학교 공부를 마치고 집으로 가는 길에 횡단보도의 *신호등에 녹색등이 켜지자마자 길을 건너다가 트럭에 치이는 사고를 당했다. 김민수 군은 병원으로 옮겨져 치료를 받았다. 의사는 김민수 군이 3주 동안 다리에 *깁스를 해야 한다고 말했다.

같은 반 정진영 군은 민수가 좋아하는 축구를 당분간 하지 못하게 됐다며 마음 아파했다. 그리고 민수가 사고를 당한 것은 신호등이 바뀌었는데도 차를 멈추지 않고 달린 어른의 책임이라며 화를 냈다.

질문톡 김민수 군은 어디를 다쳤나요?
☑ 다리 ☐ 팔

74

3주 04

우리나라에서는 1995년부터 등·하굣길 어린이들의 안전을 지켜 주기 위해 스쿨 존(어린이 보호 구역) 제도를 실시하고 있다. 스쿨 존 제도는 교문 앞 300~500미터 내에서는 자동차가 *시속 30킬로미터를 넘지 않게 천천히 달리도록 한 것이다.

그러나 자동차를 운전하는 사람 네 명 중 세 명은 스쿨 존에 대해 들어는 봤지만 내용은 잘 모른다고 대답했다. 실제로 어린이 교통사고의 80퍼센트는 학교 주변 1킬로미터 내에서 일어난다. 좋은 제도가 있어도 제대로 알거나 지키는 사람이 많지 않은 것이 큰 문제이다. 앞으로는 운전자가 스쿨 존 제도를 잘 지키도록 교육하고 어린이도 교통안전 규칙을 알아 두는 일이 일이 필요하다. 다음은 교통안전을 위해 어린이가 꼭 지켜야 할 일이다.

시속
한 시간을 단위로 잰 속도. 대개 한 시간 동안 나아간 거리로 나타낸다.

질문톡 스쿨 존은 무엇을 위한 것인가요?
☐ 학교 안 어린이의 안전 ☑ 등·하굣길 어린이의 안전

75

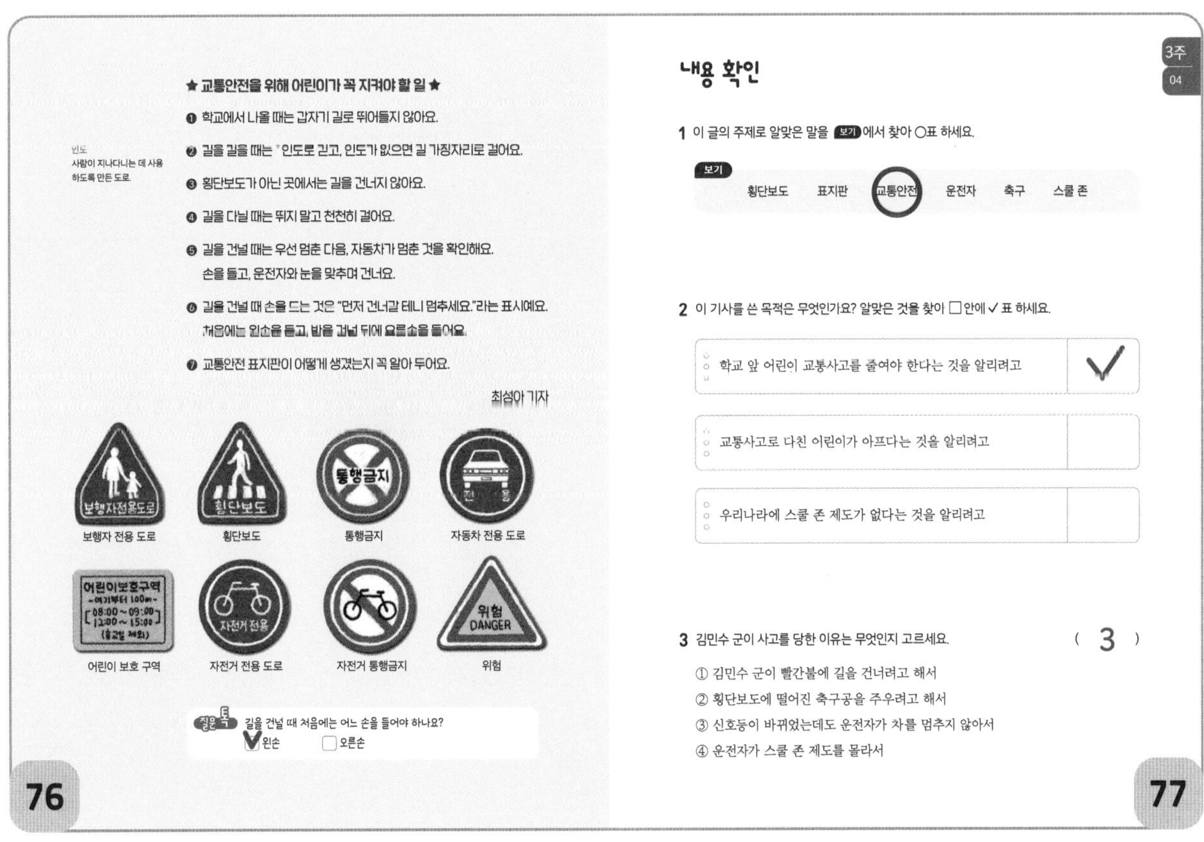

★ 교통안전을 위해 어린이가 꼭 지켜야 할 일 ★

❶ 학교에서 나올 때는 갑자기 길로 뛰어들지 않아요.

❷ 길을 걸을 때는 *인도로 걷고, 인도가 없으면 길 가장자리로 걸어요.

❸ 횡단보도가 아닌 곳에서는 길을 건너지 않아요.

❹ 길을 다닐 때는 뛰지 말고 천천히 걸어요.

❺ 길을 건널 때는 우선 멈춘 다음, 자동차가 멈춘 것을 확인해요. 손을 들고, 운전자와 눈을 맞추며 건너요.

❻ 길을 건널 때 손을 드는 것은 "먼저 건너갈 테니 멈추세요."라는 표시예요. 처음에는 왼손을 들고, 반을 건널 뒤에 오른손을 들어요.

❼ 교통안전 표지판이 어떻게 생겼는지 꼭 알아 두어요.

최섬아 기자

인도: 사람이 지나다니는 데 사용하도록 만든 도로

보행자 전용 도로 / 횡단보도 / 통행금지 / 자동차 전용 도로

어린이 보호 구역 / 자전거 전용 도로 / 자전거 통행금지 / 위험

질문톡 길을 건널 때 처음에는 어느 손을 들어야 하나요?
☑ 왼손 ☐ 오른손

76

내용 확인

3주 04

1 이 글의 주제로 알맞은 말을 보기 에서 찾아 ○표 하세요.

보기: 횡단보도 표지판 (교통안전) 운전자 축구 스쿨 존

2 이 기사를 쓴 목적은 무엇인가요? 알맞은 것을 찾아 □ 안에 ✓표 하세요.

- 학교 앞 어린이 교통사고를 줄여야 한다는 것을 알리려고 ✓
- 교통사고로 다친 어린이가 아프다는 것을 알리려고
- 우리나라에 스쿨 존 제도가 없다는 것을 알리려고

3 김민수 군이 사고를 당한 이유는 무엇인지 고르세요. (3)

① 김민수 군이 빨간불에 길을 건너려고 해서
② 횡단보도에 떨어진 축구공을 주우려고 해서
③ 신호등이 바뀌었는데도 운전자가 차를 멈추지 않아서
④ 운전자가 스쿨 존 제도를 몰라서

77

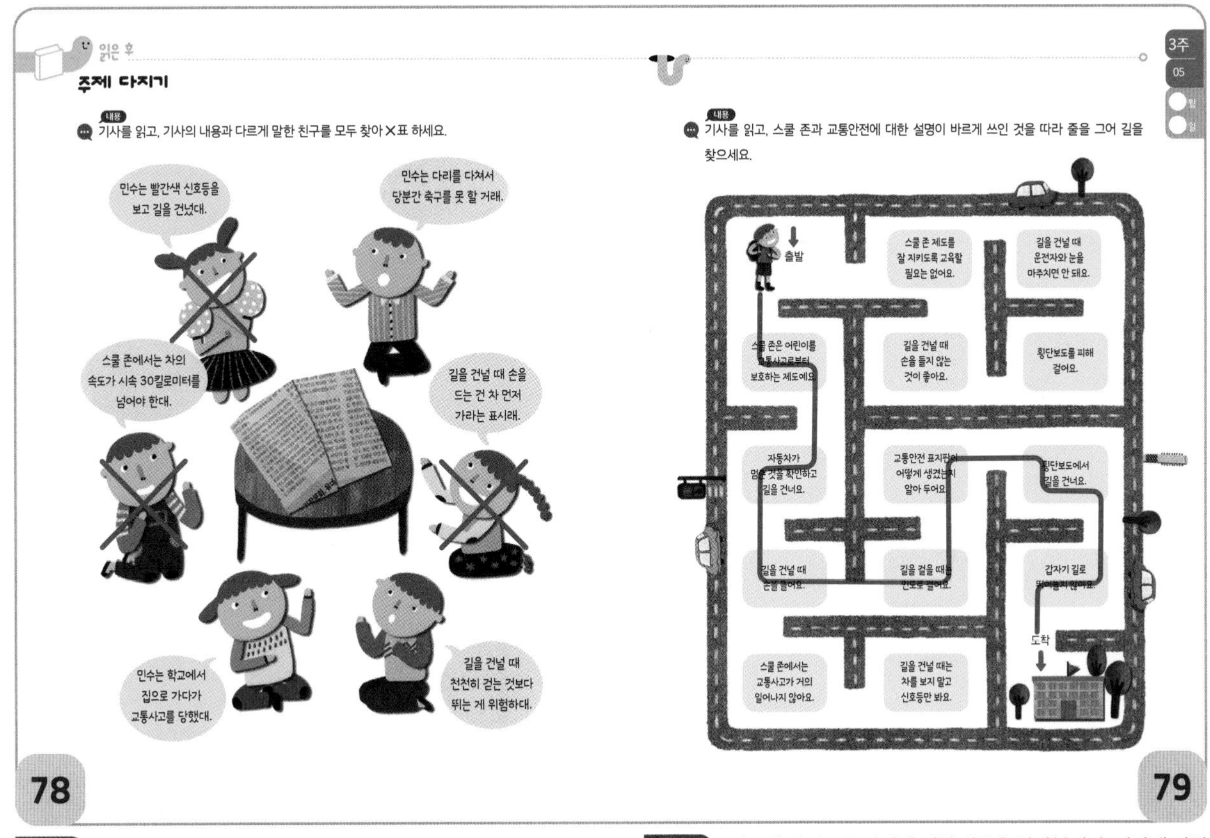

읽은 후

주제 다지기

내용 기사를 읽고, 기사의 내용과 다르게 말한 친구를 모두 찾아 ✕표 하세요.

78

3주 05

내용 기사를 읽고, 스쿨 존과 교통안전에 대한 설명이 바르게 쓰인 것을 따라 줄을 그어 길을 찾으세요.

79

도움말 기사의 세부 내용을 떠올리며 문제를 풀어 봅니다.

도움말 신문에 실린 교통안전에 대한 내용을 알아봅니다. 기사에 어떻게 쓰여 있는지 떠올리며 길을 따라가게 해 주세요.

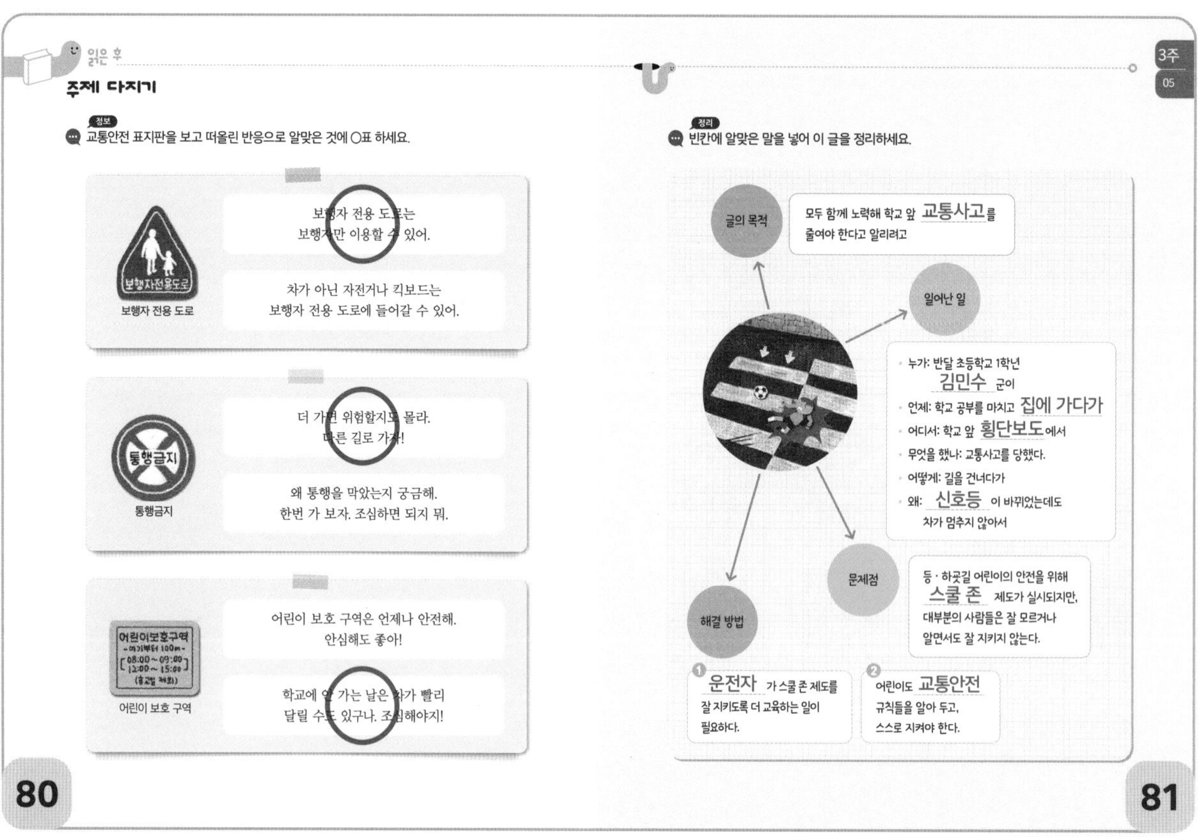

도움말 교통안전 표지판의 내용을 정확하게 알고 있는지 파악하는 문제입니다.

도움말 글을 도식화하여 요약 정리해 보는 문제입니다. 내용이 기억나지 않으면 글을 다시 읽어 보면서 알맞은 내용을 쓰도록 지도해 주세요.

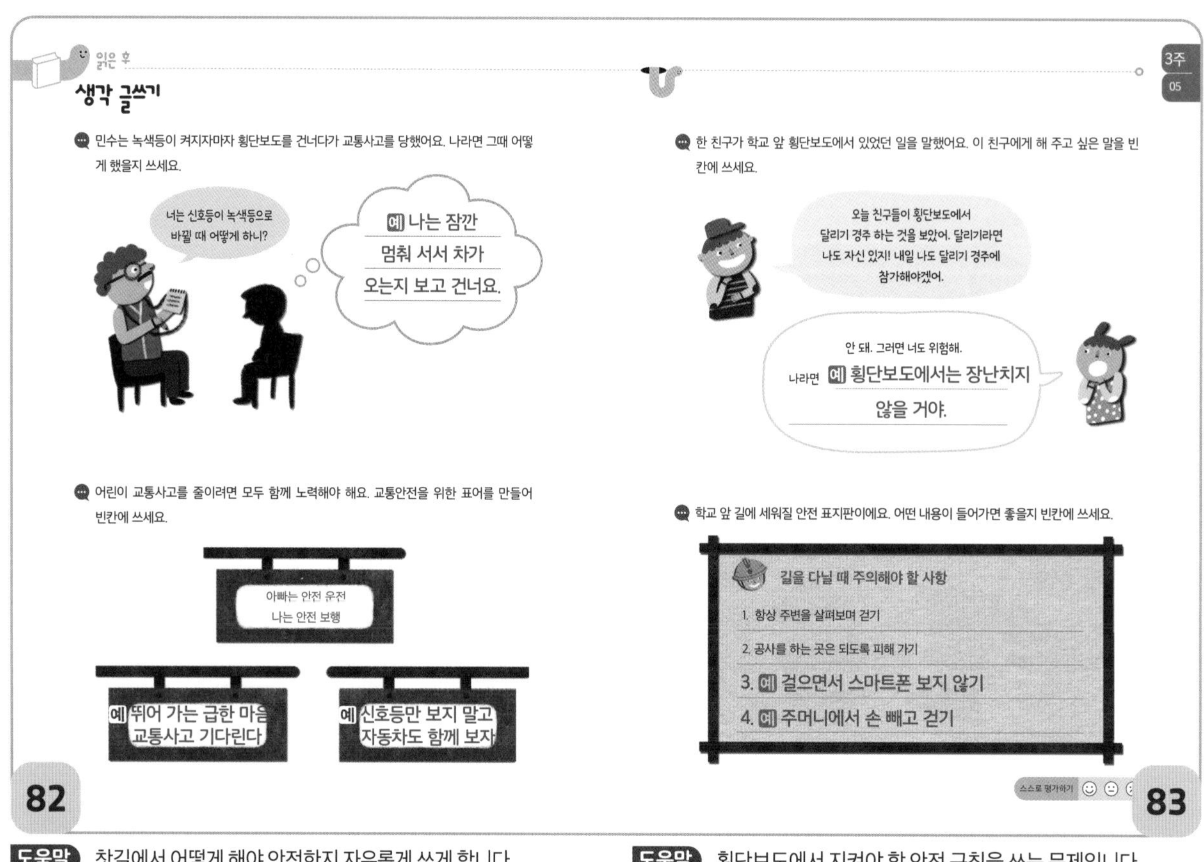

도움말 찻길에서 어떻게 해야 안전한지 자유롭게 쓰게 합니다.

도움말 교통안전 표어는 사람들이 쉽게 기억하고 떠올릴 수 있게 만들어야 한다는 것을 알려 주세요.

도움말 횡단보도에서 지켜야 할 안전 규칙을 쓰는 문제입니다.

도움말 학교 앞 도로 안전을 위해 지켜야 할 것을 생각하게 해 주세요.

도움말 글에 대한 관심과 흥미가 생기도록 자신의 학교생활을 상상해 보는 문제입니다. 앞으로 학교에서 생길 일을 이야기하며 참여하고 싶은 일을 스스로 찾아보게 하세요.

도움말 아이가 앞으로 한 해 동안 잘해 보고 싶은 것을 자유롭게 생각해 보는 문제입니다.

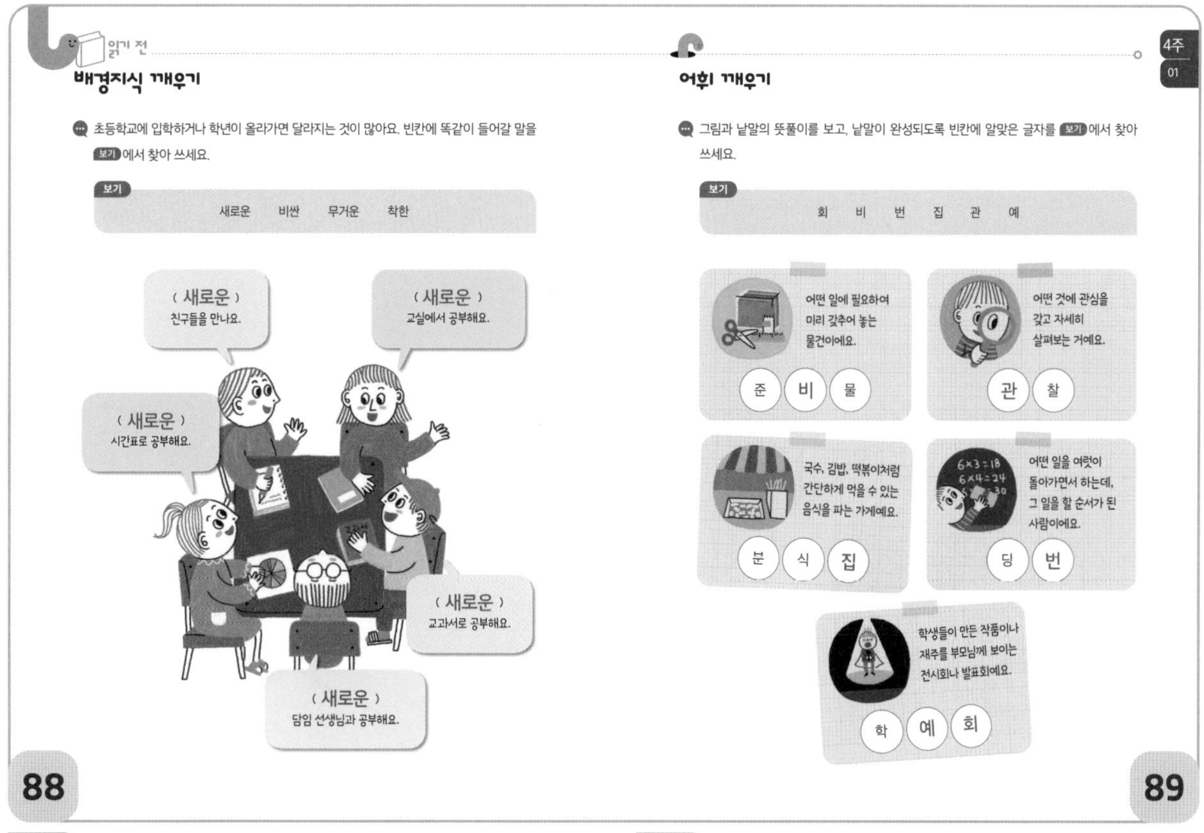

도움말 아이의 호기심을 자극하기 위해 새 학년이 되었을 때의 일을 미리 떠올리게 하는 문제입니다. 새로운 해를 맞이할 때는 어떤 기분이 드는지 아이와 함께 이야기해 보세요.

도움말 그림과 뜻풀이를 통해 편지와 생활문에 나올 새로운 낱말을 익힙니다.

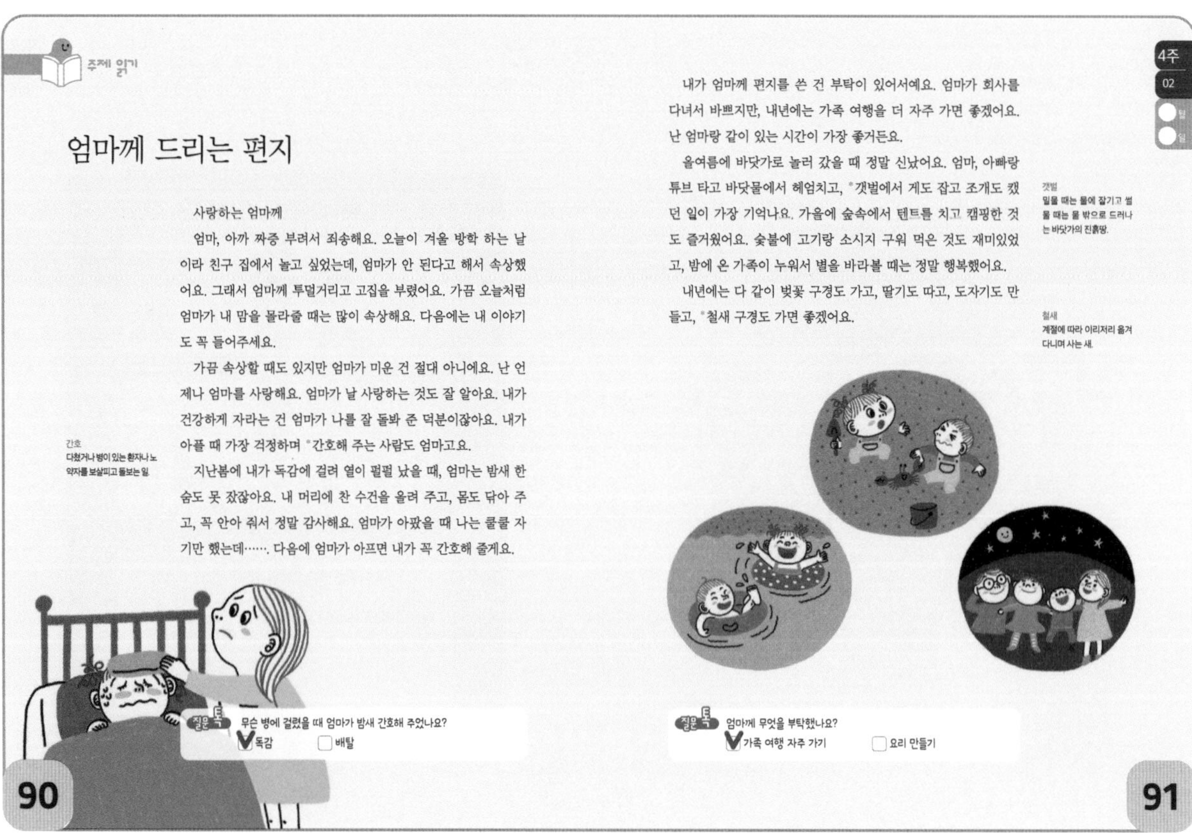

주제 읽기

엄마께 드리는 편지

사랑하는 엄마께

엄마, 아까 짜증 부려서 죄송해요. 오늘이 겨울 방학 하는 날이라 친구 집에서 놀고 싶었는데, 엄마가 안 된다고 해서 속상했어요. 그래서 엄마께 투덜거리고 고집을 부렸어요. 가끔 오늘처럼 엄마가 내 맘을 몰라줄 때는 많이 속상해요. 다음에는 내 이야기도 꼭 들어주세요.

가끔 속상할 때도 있지만 엄마가 미운 건 절대 아니에요. 난 언제나 엄마를 사랑해요. 엄마가 날 사랑하는 것도 잘 알아요. 내가 건강하게 자라는 건 엄마가 나를 잘 돌봐 준 덕분이잖아요. 내가 아플 때 가장 걱정하며 *간호해 주는 사람도 엄마고요.

간호
다쳤거나 병이 있는 환자나 노약자를 보살피고 돌보는 일.

지난봄에 내가 독감에 걸려 열이 펄펄 났을 때, 엄마는 밤새 한숨도 못 잤잖아요. 내 머리에 찬 수건을 올려 주고, 몸도 닦아 주고, 꼭 안아 줘서 정말 감사해요. 엄마가 아팠을 때 나는 쿨쿨 자기만 했는데……. 다음에 엄마가 아프면 내가 꼭 간호해 줄게요.

질문 톡 무슨 병에 걸렸을 때 엄마가 밤새 간호해 주었나요?
- [x] 독감
- [ ] 배탈

내가 엄마께 편지를 쓴 건 부탁이 있어서예요. 엄마가 회사를 다녀서 바쁘지만, 내년에는 가족 여행을 더 자주 가면 좋겠어요. 난 엄마랑 같이 있는 시간이 가장 좋거든요.

올여름에 바닷가로 놀러 갔을 때 정말 신났어요. 엄마, 아빠랑 튜브 타고 바닷물에서 헤엄치고, *갯벌에서 게도 잡고 조개도 캤던 일이 가장 기억나요. 가을에 숲속에서 텐트를 치고 캠핑한 것도 즐거웠어요. 숯불에 고기랑 소시지 구워 먹은 것도 재미있었고, 밤에 온 가족이 누워서 별을 바라볼 때는 정말 행복했어요.

갯벌
밀물 때는 물에 잠기고 썰물 때는 물 밖으로 드러나는 바닷가의 진흙땅.

내년에는 다 같이 벚꽃 구경도 가고, 딸기도 따고, 도자기도 만들고, *철새 구경도 가면 좋겠어요.

철새
계절에 따라 이리저리 옮겨 다니며 사는 새.

질문 톡 엄마께 무엇을 부탁했나요?
- [x] 가족 여행 자주 가기
- [ ] 요리 만들기

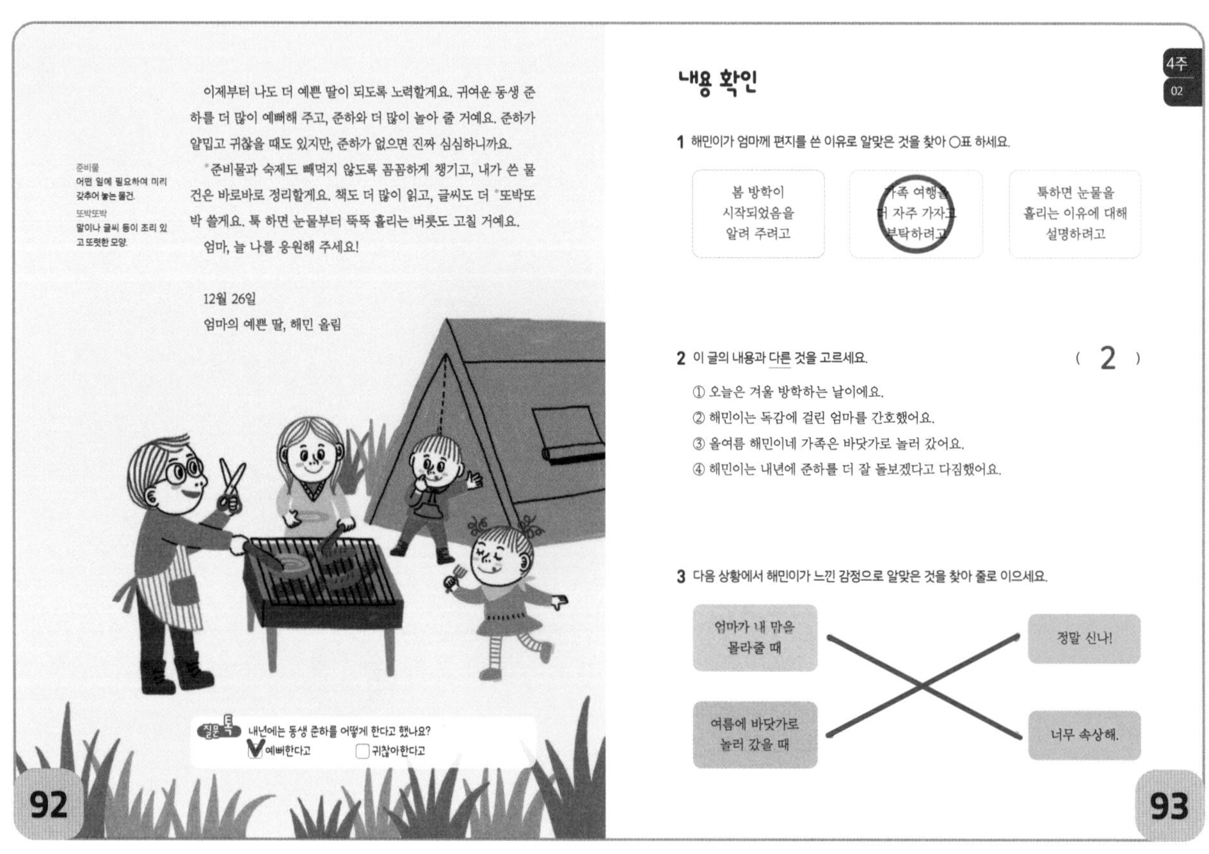

이제부터 나도 더 예쁜 딸이 되도록 노력할게요. 귀여운 동생 준하를 더 많이 예뻐해 주고, 준하와 더 많이 놀아 줄 거예요. 준하가 얄밉고 귀찮을 때도 있지만, 준하가 없으면 진짜 심심하니까요.

*준비물과 숙제도 빼먹지 않도록 꼼꼼하게 챙기고, 내가 쓴 물건은 바로바로 정리할게요. 책도 더 많이 읽고, 글씨도 더 *또박또박 쓸게요. 툭 하면 눈물부터 뚝뚝 흘리는 버릇도 고칠 거예요.

준비물
어떤 일에 필요하여 미리 갖추어 놓는 물건.

또박또박
말이나 글씨 등이 조리 있고 또렷한 모양.

엄마, 늘 나를 응원해 주세요!

12월 26일
엄마의 예쁜 딸, 해민 올림

질문 톡 내년에는 동생 준하를 어떻게 한다고 했나요?
- [x] 예뻐한다고
- [ ] 귀찮아한다고

내용 확인

1 해민이가 엄마께 편지를 쓴 이유로 알맞은 것을 찾아 ○표 하세요.

봄 방학이 시작되었음을 알려 주려고	가족 여행을 더 자주 가자고 부탁하려고 (○)	툭하면 눈물을 흘리는 이유에 대해 설명하려고

2 이 글의 내용과 다른 것을 고르세요. (2)

① 오늘은 겨울 방학하는 날이에요.
② 해민이는 독감에 걸린 엄마를 간호했어요.
③ 올여름 해민이네 가족은 바닷가로 놀러 갔어요.
④ 해민이는 내년에 준하를 더 잘 돌보겠다고 다짐했어요.

3 다음 상황에서 해민이가 느낀 감정으로 알맞은 것을 찾아 줄로 이으세요.

상황	감정
엄마가 내 맘을 몰라줄 때	정말 신나!
여름에 바닷가로 놀러 갔을 때	너무 속상해.

(답: 엄마가 내 맘을 몰라줄 때 — 너무 속상해. / 여름에 바닷가로 놀러 갔을 때 — 정말 신나!)

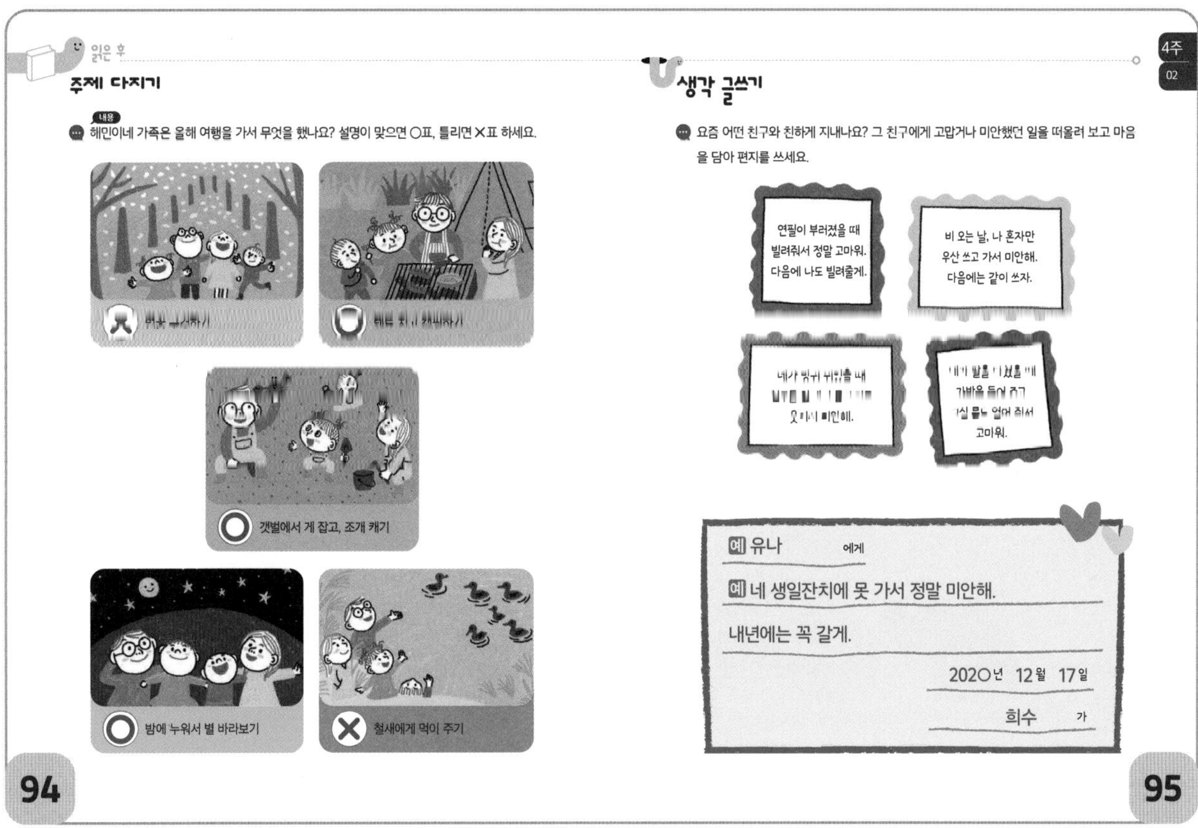

4주
02
읽은 후
주제 다지기
내용
해민이네 가족은 올해 여행을 가서 무엇을 했나요? 설명이 맞으면 ○표, 틀리면 ✕표 하세요.
갯벌에서 게 잡고, 조개 캐기
밤에 누워서 별 바라보기
철새에게 먹이 주기
94
생각 글쓰기
요즘 어떤 친구와 친하게 지내나요? 그 친구에게 고맙거나 미안했던 일을 떠올려 보고 마음을 담아 편지를 쓰세요.
연필이 부러졌을 때 빌려줘서 정말 고마워. 다음에 나도 빌려줄게.
비 오는 날, 나 혼자만 우산 쓰고 가서 미안해. 다음에는 같이 쓰자.
예 유나 에게
예 네 생일잔치에 못 가서 정말 미안해.
내년에는 꼭 갈게.
2020년 12월 17일
희수 가
95

도움말 편지에 나오는 예시를 상세하게 알아보는 문제입니다. 올해 한 일과 내년에 하고 싶은 일을 구분해서 생각하게 하세요.

도움말 친구에게 마음을 담은 편지를 직접 써보는 활동입니다. 아무에게나 쓰는 것이 아니라, 특별한 마음이 드는 사람에게 편지를 쓰게 하세요.

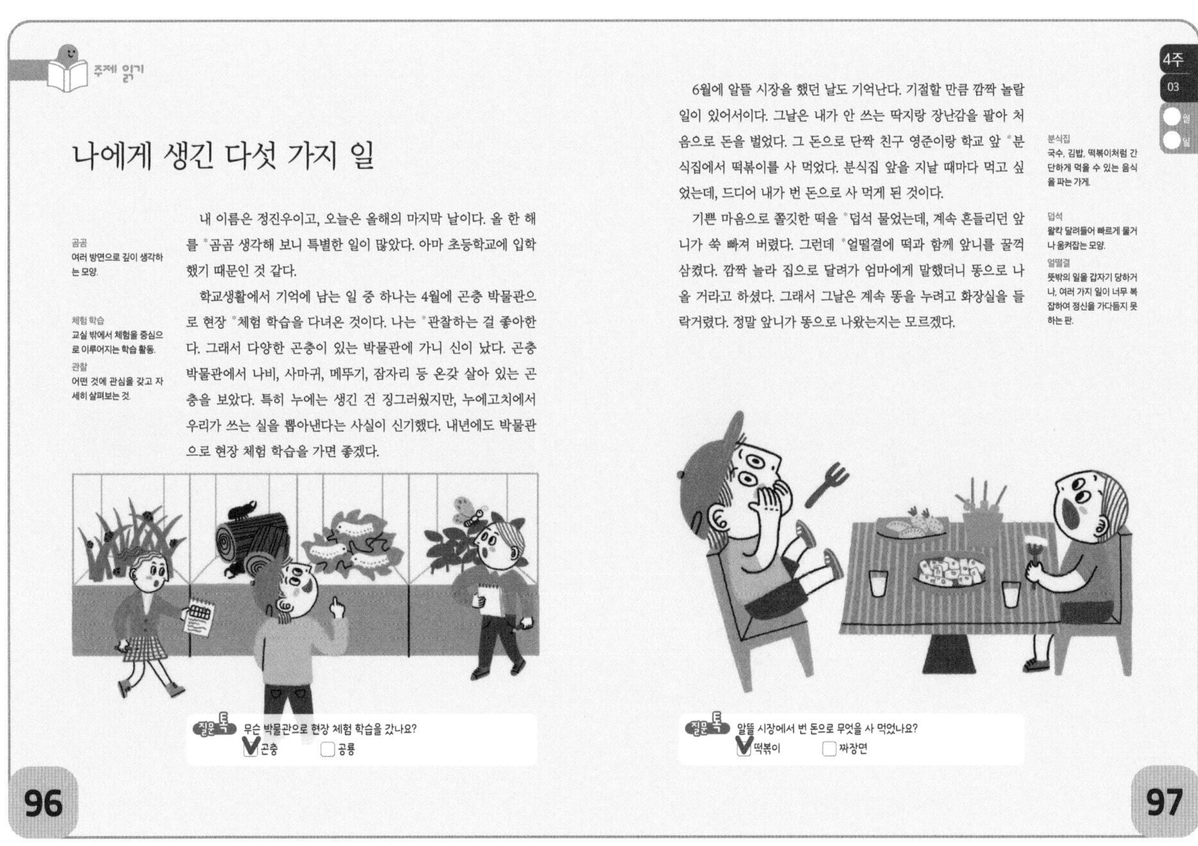

주제 읽기
나에게 생긴 다섯 가지 일
내 이름은 정진우이고, 오늘은 올해의 마지막 날이다. 올 한 해를 *곰곰 생각해 보니 특별한 일이 많았다. 아마 초등학교에 입학했기 때문인 것 같다.
학교생활에서 기억에 남는 일 중 하나는 4월에 곤충 박물관으로 현장 *체험 학습을 다녀온 것이다. 나는 *관찰하는 걸 좋아한다. 그래서 다양한 곤충이 있는 박물관에 가니 신이 났다. 곤충 박물관에서 나비, 사마귀, 메뚜기, 잠자리 등 온갖 살아 있는 곤충을 보았다. 특히 누에는 생긴 건 징그러웠지만, 누에고치에서 우리가 쓰는 실을 뽑아낸다는 사실이 신기했다. 내년에도 박물관으로 현장 체험 학습을 가면 좋겠다.
곰곰 여러 방면으로 깊이 생각하는 모양.
체험 학습 교실 밖에서 체험을 중심으로 이루어지는 학습 활동.
관찰 어떤 것에 관심을 갖고 자세히 살펴보는 것.
질문 톡 무슨 박물관으로 현장 체험 학습을 갔나요?
곤충 공룡
96
4주
03
6월에 알뜰 시장을 했던 날도 기억난다. 기절할 만큼 깜짝 놀랄 일이 있어서이다. 그날은 내가 안 쓰는 딱지랑 장난감을 팔아 처음으로 돈을 벌었다. 그 돈으로 단짝 친구 영준이랑 학교 앞 *분식집에서 떡볶이를 사 먹었다. 분식집 앞을 지날 때마다 먹고 싶었는데, 드디어 내가 번 돈으로 사 먹게 된 것이다.
기쁜 마음으로 쫄깃한 떡을 *덥석 물었는데, 계속 흔들리던 앞니가 쑥 빠져 버렸다. 그런데 *얼떨결에 떡과 함께 앞니를 꿀꺽 삼켰다. 깜짝 놀라 집으로 달려가 엄마에게 말했더니 똥으로 나올 거라고 하셨다. 그래서 그날은 계속 똥을 누려고 화장실을 들락거렸다. 정말 앞니가 똥으로 나왔는지는 모르겠다.
분식집 국수, 김밥, 떡볶이처럼 간단하게 먹을 수 있는 음식을 파는 가게.
덥석 왈칵 달려들어 빠르게 물거나 움켜잡는 모양.
얼떨결 뜻밖의 일을 갑자기 당하거나, 여러 가지 일이 너무 복잡하여 정신을 가다듬지 못하는 판.
질문 톡 알뜰 시장에서 번 돈으로 무엇을 사 먹었나요?
떡볶이 짜장면
97

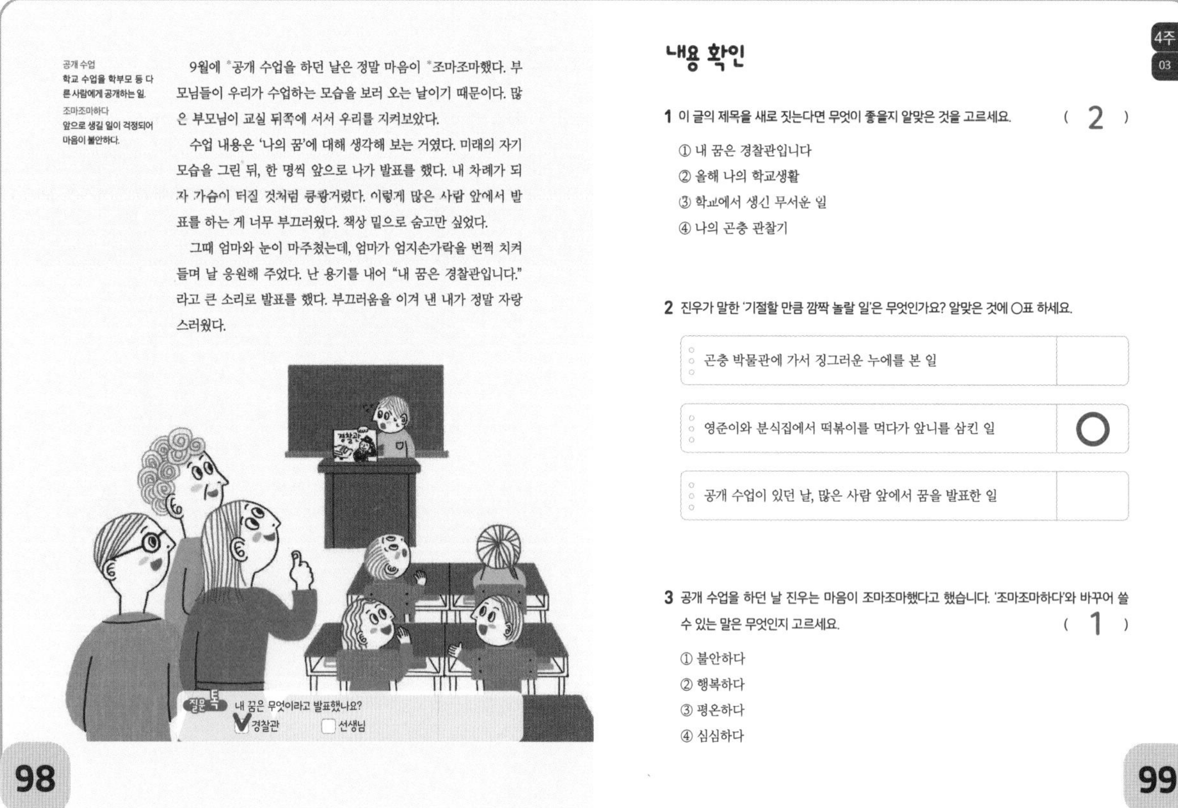

공개 수업
학교 수업을 학부모 등 다른 사람에게 공개하는 일.
조마조마하다
앞으로 생길 일이 걱정되어 마음이 불안하다.

9월에 *공개 수업을 하던 날은 정말 마음이 *조마조마했다. 부모님들이 우리가 수업하는 모습을 보러 오는 날이기 때문이다. 많은 부모님이 교실 뒤쪽에 서서 우리를 지켜보았다.

수업 내용은 '나의 꿈'에 대해 생각해 보는 거였다. 미래의 자기 모습을 그린 뒤, 한 명씩 앞으로 나가 발표를 했다. 내 차례가 되자 가슴이 터질 것처럼 쿵쾅거렸다. 이렇게 많은 사람 앞에서 발표를 하는 게 너무 부끄러웠다. 책상 밑으로 숨고만 싶었다.

그때 엄마와 눈이 마주쳤는데, 엄마가 엄지손가락을 번쩍 치켜들며 날 응원해 주었다. 난 용기를 내어 "내 꿈은 경찰관입니다."라고 큰 소리로 발표를 했다. 부끄러움을 이겨 낸 내가 정말 자랑스러웠다.

질문 톡 내 꿈은 무엇이라고 발표했나요?
✔경찰관 ☐선생님

98

4주 03

내용 확인

1 이 글의 제목을 새로 짓는다면 무엇이 좋을지 알맞은 것을 고르세요. (2)

① 내 꿈은 경찰관입니다
② 올해 나의 학교생활
③ 학교에서 생긴 무서운 일
④ 나의 곤충 관찰기

2 진우가 말한 '기절할 만큼 깜짝 놀랄 일'은 무엇인가요? 알맞은 것에 ○표 하세요.

곤충 박물관에 가서 징그러운 누에를 본 일	
영준이와 분식집에서 떡볶이를 먹다가 앞니를 삼킨 일	○
공개 수업이 있던 날, 많은 사람 앞에서 꿈을 발표한 일	

3 공개 수업을 하던 날 진우는 마음이 조마조마했다고 했습니다. '조마조마하다'와 바꾸어 쓸 수 있는 말은 무엇인지 고르세요. (1)

① 불안하다
② 행복하다
③ 평온하다
④ 심심하다

99

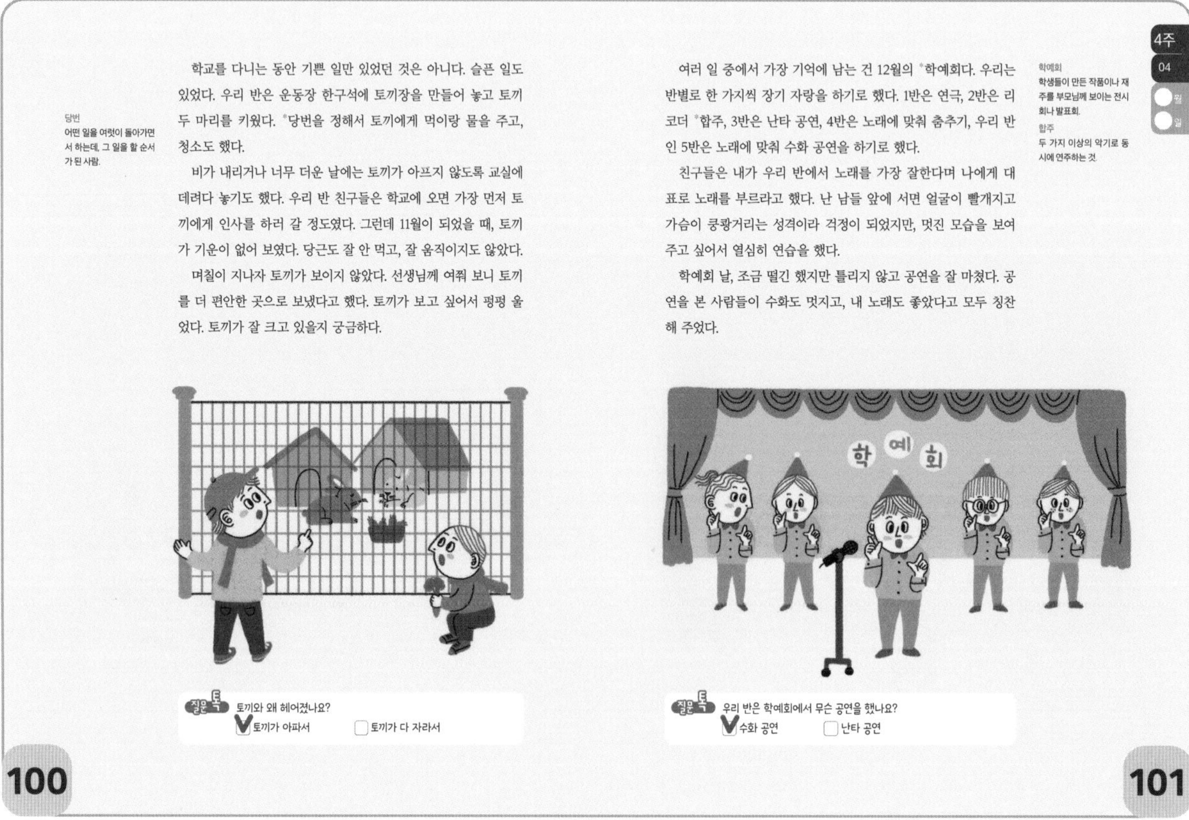

당번
어떤 일을 여럿이 돌아가면서 하는데, 그 일을 할 순서가 된 사람.

학교를 다니는 동안 기쁜 일만 있었던 것은 아니다. 슬픈 일도 있었다. 우리 반은 운동장 한구석에 토끼장을 만들어 놓고 토끼 두 마리를 키웠다. *당번을 정해서 토끼에게 먹이랑 물을 주고, 청소도 했다.

비가 내리거나 너무 더운 날에는 토끼가 아프지 않도록 교실에 데려다 놓기도 했다. 우리 반 친구들은 학교에 오면 가장 먼저 토끼에게 인사를 하러 갈 정도였다. 그런데 11월이 되었을 때, 토끼가 기운이 없어 보였다. 당근도 잘 안 먹고, 잘 움직이지도 않았다.

며칠이 지나자 토끼가 보이지 않았다. 선생님께 여쭤 보니 토끼를 더 편안한 곳으로 보냈다고 했다. 토끼가 보고 싶어서 펑펑 울었다. 토끼가 잘 크고 있을지 궁금하다.

질문 톡 토끼와 왜 헤어졌나요?
✔토끼가 아파서 ☐토끼가 다 자라서

100

4주 04 월 일

여러 일 중에서 가장 기억에 남는 건 12월의 *학예회다. 우리는 반별로 한 가지씩 장기 자랑을 하기로 했다. 1반은 연극, 2반은 리코더 *합주, 3반은 난타 공연, 4반은 노래에 맞춰 춤추기, 우리 반인 5반은 노래에 맞춰 수화 공연을 하기로 했다.

친구들은 내가 우리 반에서 노래를 가장 잘한다며 나에게 대표로 노래를 부르라고 했다. 난 남들 앞에 서면 얼굴이 빨개지고 가슴이 쿵쾅거리는 성격이라 걱정이 되었지만, 멋진 모습을 보여 주고 싶어서 열심히 연습을 했다.

학예회 날, 조금 떨긴 했지만 틀리지 않고 공연을 잘 마쳤다. 공연을 본 사람들이 수화도 멋지고, 내 노래도 좋았다고 모두 칭찬해 주었다.

학예회
학생들이 만든 작품이나 재주를 부모님께 보이는 전시회나 발표회.
합주
두 가지 이상의 악기로 동시에 연주하는 것.

질문 톡 우리 반은 학예회에서 무슨 공연을 했나요?
✔수화 공연 ☐난타 공연

101

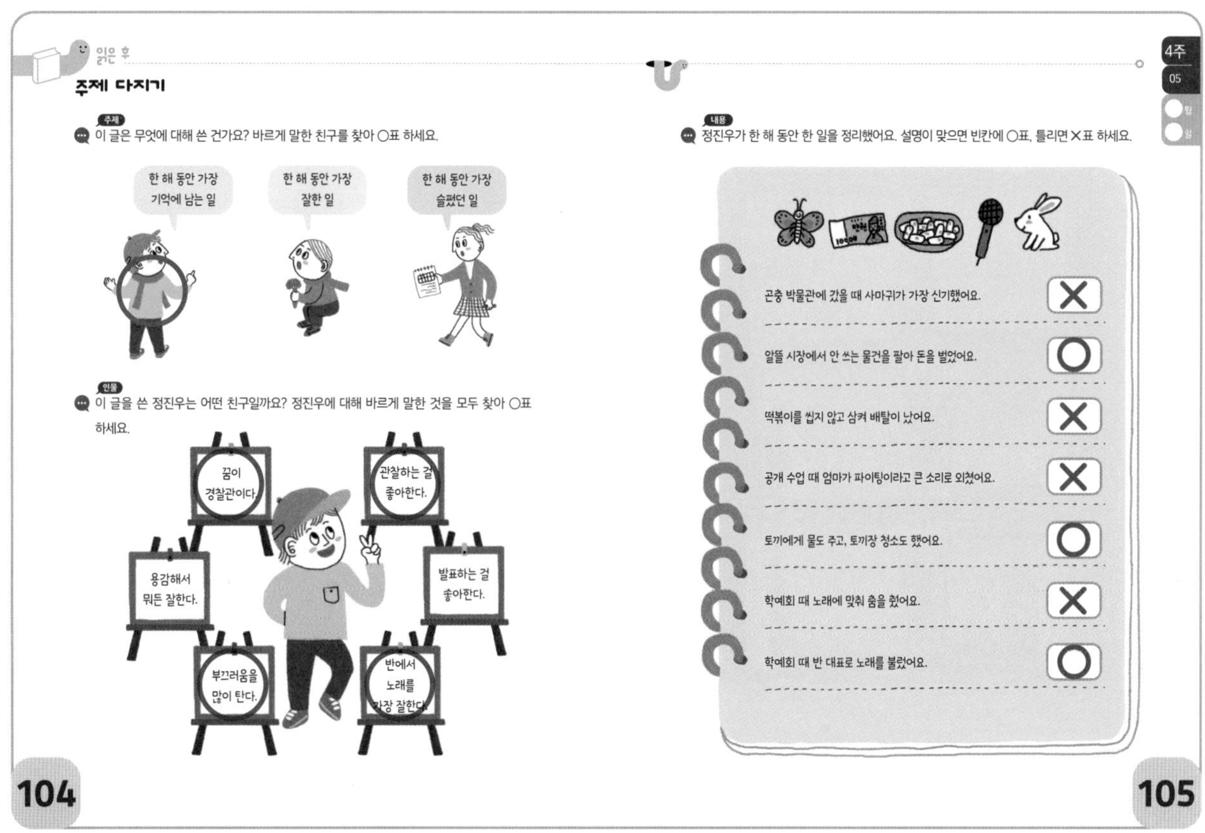

읽은 후
주제 다지기
주제
이 글은 무엇에 대해 쓴 건가요? 바르게 말한 친구를 찾아 ○표 하세요.
한 해 동안 가장 기억에 남는 일
한 해 동안 가장 잘한 일
한 해 동안 가장 슬펐던 일
인물
이 글을 쓴 정진우는 어떤 친구일까요? 정진우에 대해 바르게 말한 것을 모두 찾아 ○표 하세요.
꿈이 경찰관이다.
관찰하는 걸 좋아한다.
용감해서 뭐든 잘한다.
발표하는 걸 좋아한다.
부끄러움을 많이 탄다.
반에서 노래를 가장 잘한다.
내용
정진우가 한 해 동안 한 일을 정리했어요. 설명이 맞으면 빈칸에 ○표, 틀리면 ×표 하세요.
곤충 박물관에 갔을 때 사마귀가 가장 신기했어요.
알뜰 시장에서 안 쓰는 물건을 팔아 돈을 벌었어요.
떡볶이를 씹지 않고 삼켜 배탈이 났어요.
공개 수업 때 엄마가 파이팅이라고 큰 소리로 외쳤어요.
토끼에게 물도 주고, 토끼장 청소도 했어요.
학예회 때 노래에 맞춰 춤을 췄어요.
학예회 때 반 대표로 노래를 불렀어요.
104
105
4주 05

도움말 주제는 제목을 보면 쉽게 알 수 있습니다.

도움말 주인공의 성격은 글에서 마음이 드러난 말을 살펴보면 알 수 있습니다.

도움말 주인공에게 한 해 동안 있었던 일을 잘 이해했는지 확인하는 문제입니다. 글에 나오는 다섯 가지 일을 차분히 떠올리면서 풀게 하세요.

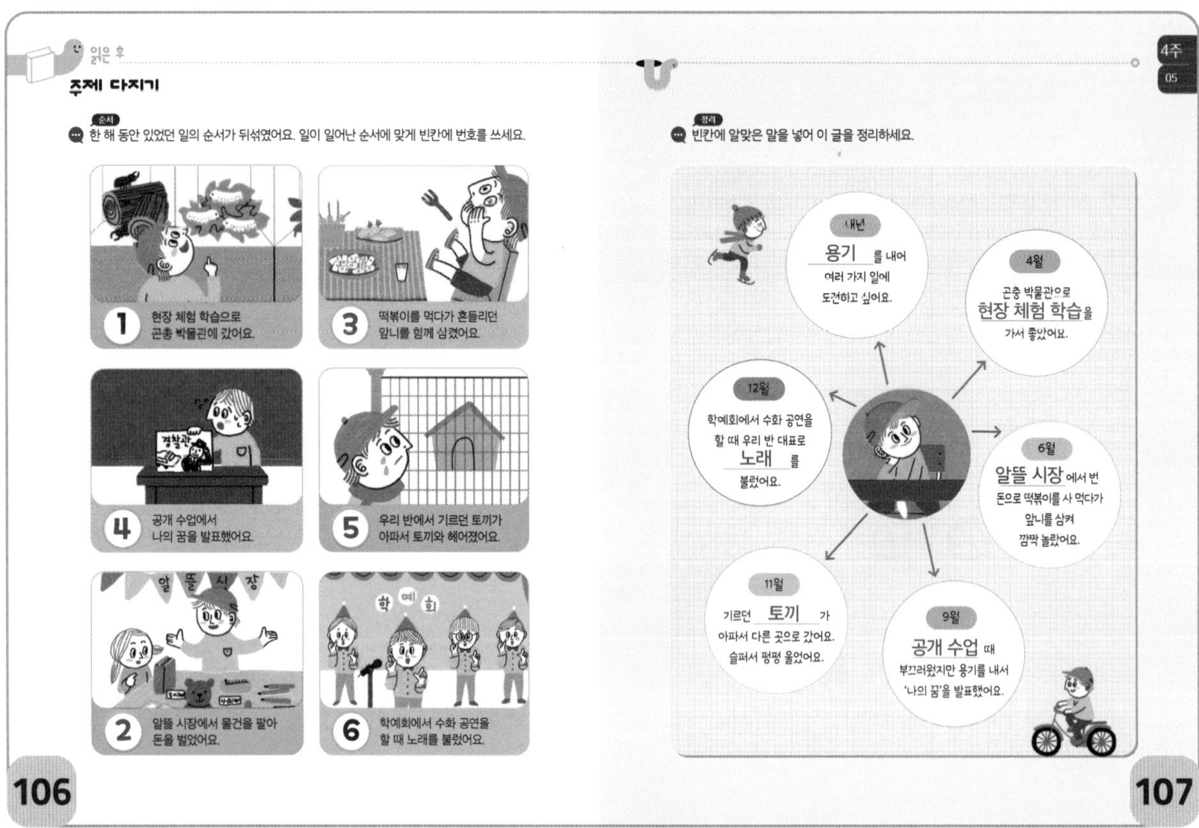

도움말 주인공에게 있었던 일을 순서대로 정리하는 문제입니다. 주인공이 4월에 현장 체험 학습을 갔을 때부터 12월에 학예회를 할 때까지 일어난 일을 시간 순서에 따라 차례차례 떠올려 보게 하세요.

도움말 글을 도식화하여 요약 정리해 보는 문제입니다. 내용이 기억나지 않으면 글을 다시 읽어 보면서 알맞은 내용을 쓰도록 지도해 주세요.

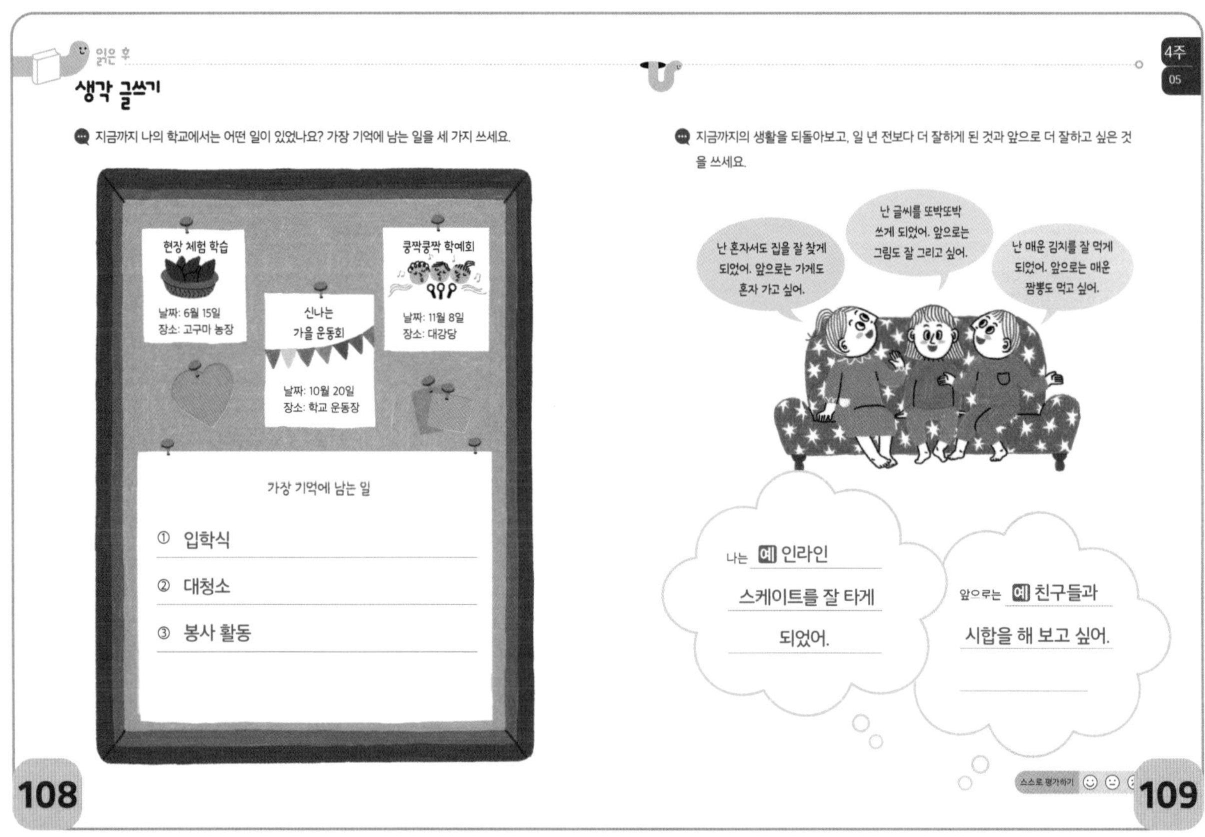

도움말 글의 내용을 자신의 경험과 연관지어 확장해 보는 활동입니다. 달마다 학교에서 있었던 일을 하나씩 떠올려 보고, 어떤 일이 기억에 남는지, 왜 기억에 남는지 생각해 보게 하세요.

도움말 글에 나오는 주인공처럼 자신의 한 해를 되돌아보고, 자신이 잘하게 된 것과 더 잘하고 싶은 것을 자유롭게 표현하는 활동입니다.

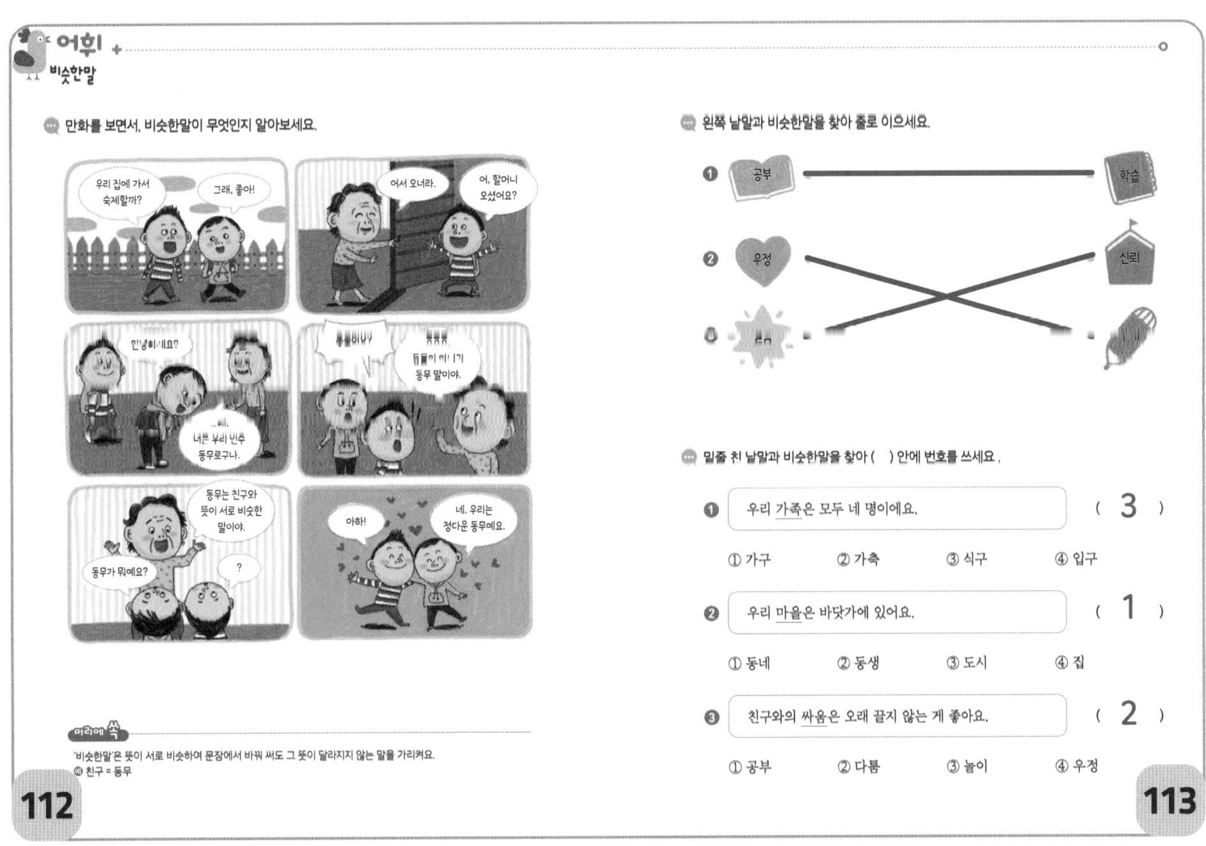

어휘
비슷한말
만화를 보면서, 비슷한말이 무엇인지 알아보세요.
우리 집에 가서 숙제할까?
그래, 좋아!
어서 오너라.
어, 할머니 오셨어요?
동무는 친구와 뜻이 서로 비슷한 말이야.
동무가 뭐예요?
?
아하!
네. 우리는 정다운 동무예요.
'비슷한말'은 뜻이 서로 비슷하여 문장에서 바꿔 써도 그 뜻이 달라지지 않는 말을 가리켜요.
예 친구 = 동무
112
왼쪽 낱말과 비슷한말을 찾아 줄로 이으세요.
공부
학습
우정
신뢰
밑줄 친 낱말과 비슷한말을 찾아 ( ) 안에 번호를 쓰세요.
우리 가족은 모두 네 명이에요. (3)
① 가구 ② 가축 ③ 식구 ④ 입구
우리 마을은 바닷가에 있어요. (1)
① 동네 ② 동생 ③ 도시 ④ 집
친구와의 싸움은 오래 끌지 않는 게 좋아요. (2)
① 공부 ② 다툼 ③ 놀이 ④ 우정
113

도움말 비슷한말끼리 짝을 지어 봅니다.

도움말 비슷한말을 찾아보는 문제입니다.

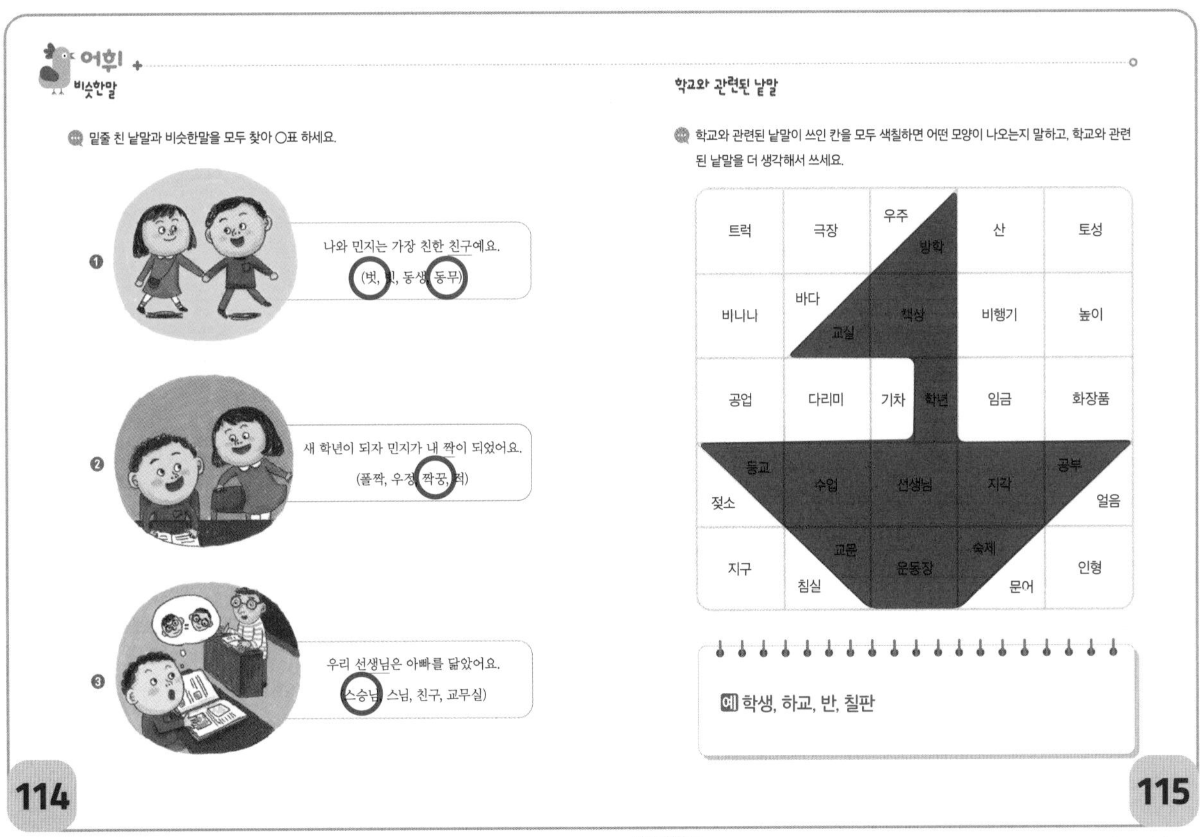

어휘
비슷한말
밑줄 친 낱말과 비슷한말을 모두 찾아 ○표 하세요.
나와 민지는 가장 친한 친구예요.
(벗, 빛, 동생, 동무)
새 학년이 되자 민지가 내 짝이 되었어요.
(풀짝, 우정, 짝꿍, 적)
우리 선생님은 아빠를 닮았어요.
(스승님, 스님, 친구, 교무실)
114
학교와 관련된 낱말
학교와 관련된 낱말이 쓰인 칸을 모두 색칠하면 어떤 모양이 나오는지 말하고, 학교와 관련된 낱말을 더 생각해서 쓰세요.
트럭
극장
우주
방학
산
토성
비니니
바다
교실
책상
비행기
높이
공업
다리미
기차
학년
임금
화장품
등교
젖소
수업
선생님
지각
공부
얼음
지구
교문
침실
운동장
숙제
문어
인형
예 학생, 하교, 반, 칠판
115

도움말 문장 속에서 밑줄 친 낱말의 뜻을 파악하고, 그 낱말과 비슷한 말을 찾아봅니다.

도움말 학교와 관련된 낱말을 모두 색칠하면 배 모양이 나옵니다. 그 밖에 학생, 하교, 반, 칠판 등도 학교와 관련된 낱말입니다.

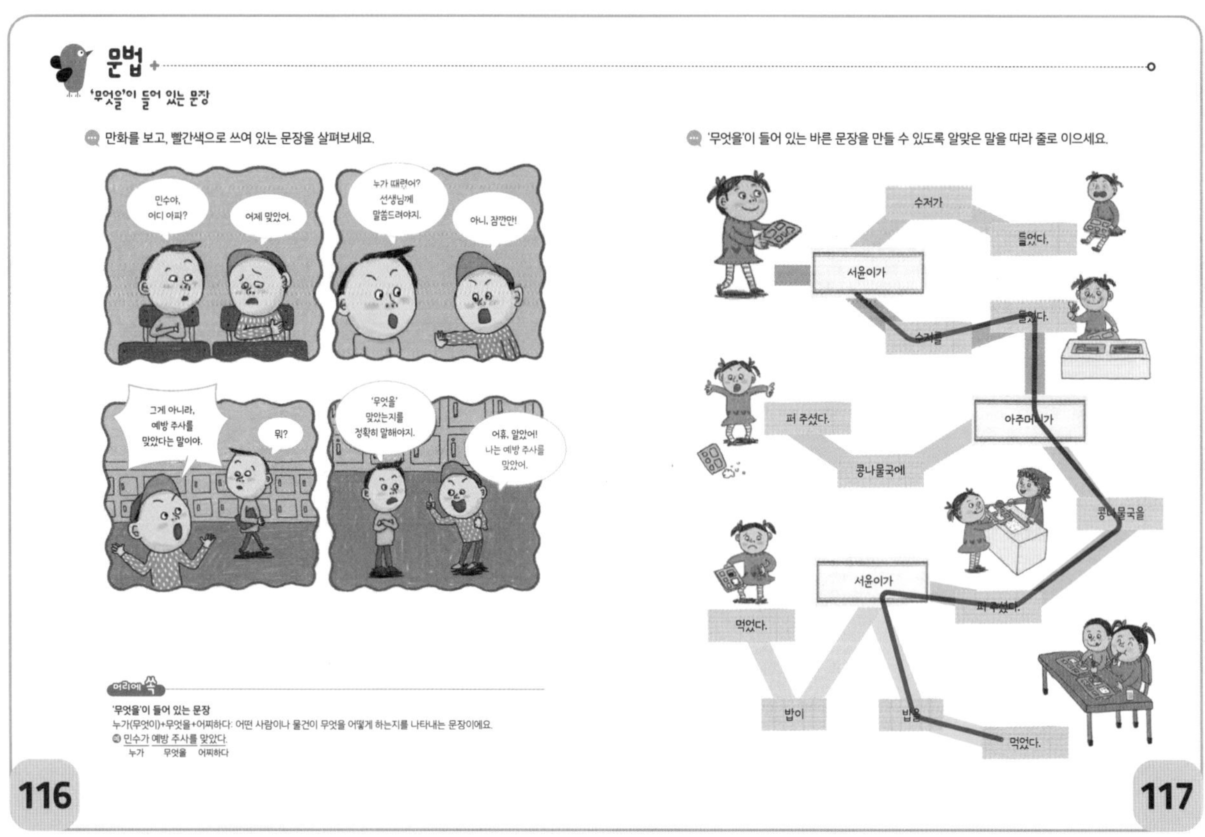

도움말 '무엇이'와 '어찌하다'는 공통이므로, '무엇을'에 해당하는 말 가운데 맞는 것을 고릅니다.

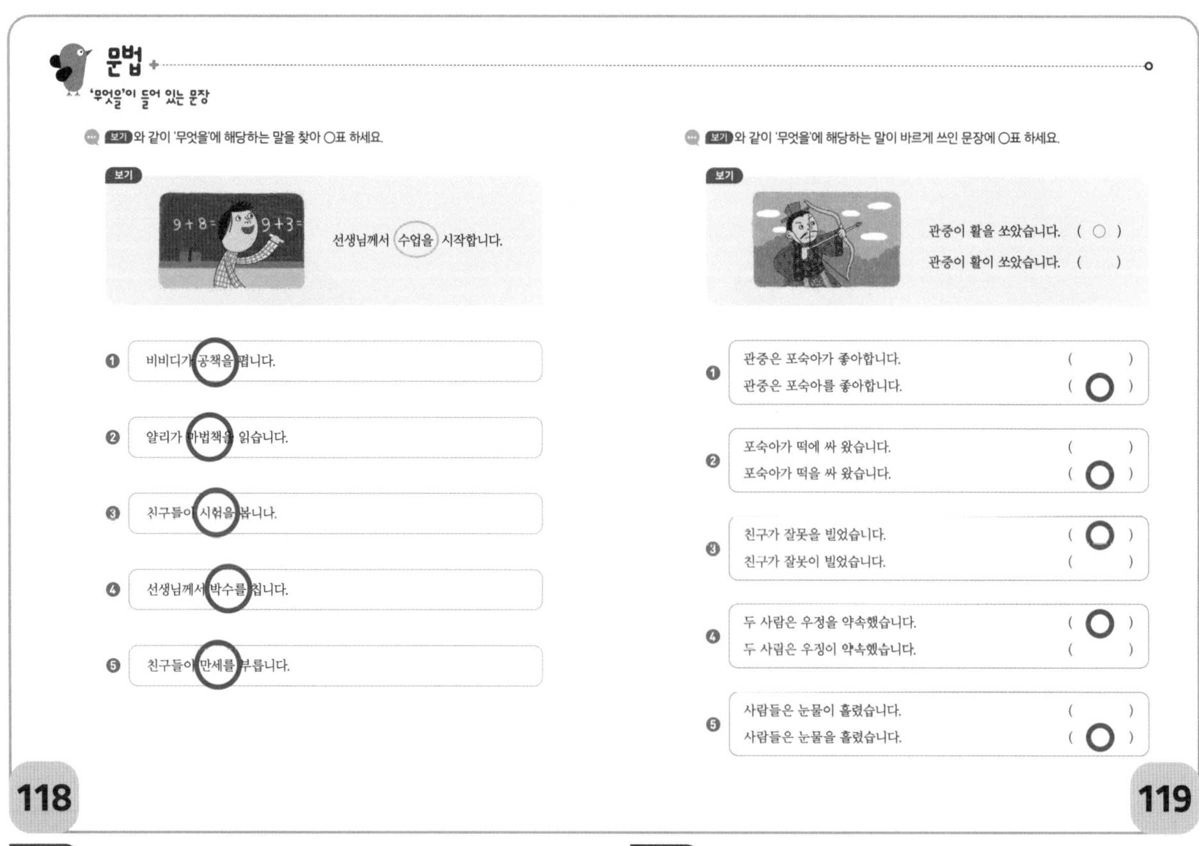

도움말 '무엇을'에 해당하는 말을 찾아봅니다.

도움말 '무엇을'의 쓰임을 명확히 알고, 문장 속에서 어떨 때 '무엇을'이 오는지 알아봅니다.

문법
'무엇을'이 들어 있는 문장
보기 와 같이 밑줄 친 말을 '무엇을'에 해당하는 말로 바르게 고쳐 쓰세요.
윤지가 안전모가 씁니다.
→ 윤지가 안전모를 씁니다.
① 교통경찰 아저씨가 안전이 지킵니다.
→ 교통경찰 아저씨가 안전을 지킵니다.
② 친구들이 물놀이에 합니다.
→ 친구들이 물놀이를 합니다.
③ 사람들이 엘리베이터가 탑니다.
→ 사람들이 엘리베이터를 탑니다.
④ 민수는 축구가 좋아합니다.
→ 민수는 축구를 좋아합니다.
그림을 보고, 바른 문장이 되도록 빈칸에 알맞은 말을 보기 에서 찾아 쓰세요.
보기 주스를 썼습니다 상자를 케이크를 쏩니다
① 민수가 케이크를 먹습니다.
② 소영이는 상자를 엽니다.
③ 친구들은 고깔모자를 썼습니다.
④ 지현이는 폭죽을 쏩니다.
⑤ 승수는 주스를 마십니다.
120
121

도움말 밑줄 친 말을 '무엇을'로 바꿉니다.

도움말 '무엇을'과 '어찌하다'에 해당하는 말을 넣어 보며 문장의 짜임을 자연스럽게 알아봅니다.

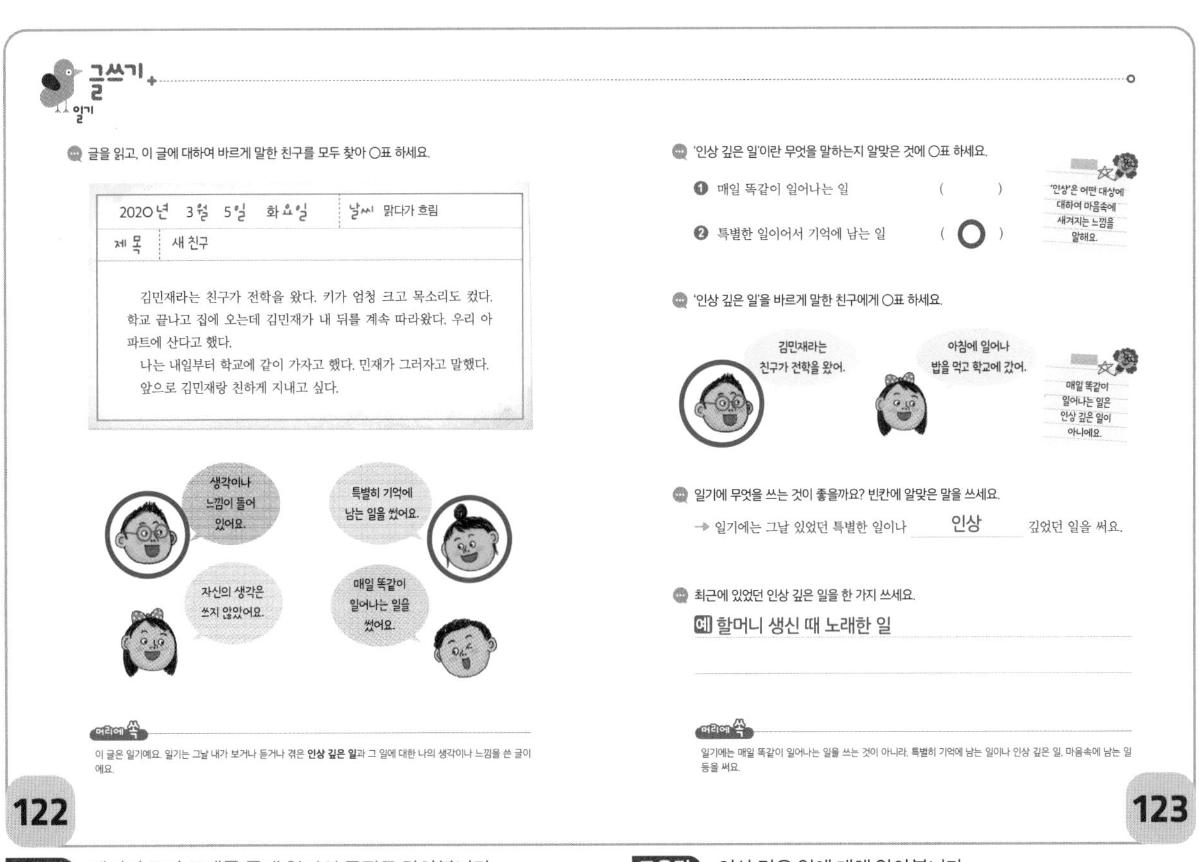

글쓰기
일기
글을 읽고, 이 글에 대하여 바르게 말한 친구를 모두 찾아 ○표 하세요.
2020년 3월 5일 화요일 날씨 맑다가 흐림
제목 새 친구
김민재라는 친구가 전학을 왔다. 키가 엄청 크고 목소리도 컸다. 학교 끝나고 집에 오는데 김민재가 내 뒤를 계속 따라왔다. 우리 아파트에 산다고 했다.
나는 내일부터 학교에 같이 가자고 했다. 민재가 그러자고 말했다. 앞으로 김민재랑 친하게 지내고 싶다.
생각이나 느낌이 들어 있어요.
특별히 기억에 남는 일을 썼어요.
자신의 생각은 쓰지 않았어요.
매일 똑같이 일어나는 일을 썼어요.
머리에 쏙
이 글은 일기예요. 일기는 그날 내가 보거나 듣거나 겪은 인상 깊은 일과 그 일에 대한 나의 생각이나 느낌을 쓴 글이에요.
'인상 깊은 일'이란 무엇을 말하는지 알맞은 것에 ○표 하세요.
① 매일 똑같이 일어나는 일 ( )
② 특별한 일이어서 기억에 남는 일 (○)
'인상'은 어떤 대상에 대하여 마음속에 새겨지는 느낌을 말해요.
'인상 깊은 일'을 바르게 말한 친구에게 ○표 하세요.
김민재라는 친구가 전학을 왔어.
아침에 일어나 밥을 먹고 학교에 갔어.
매일 똑같이 일어나는 일은 인상 깊은 일이 아니에요.
일기에 무엇을 쓰는 것이 좋을까요? 빈칸에 알맞은 말을 쓰세요.
→ 일기에는 그날 있었던 특별한 일이나 인상 깊었던 일을 써요.
최근에 있었던 인상 깊은 일을 한 가지 쓰세요.
예 할머니 생신 때 노래한 일
머리에 쏙
일기에는 매일 똑같이 일어나는 일을 쓰는 것이 아니라, 특별히 기억에 남는 일이나 인상 깊은 일, 마음속에 남는 일 등을 써요.
122
123

도움말 제시된 글과 문제를 통해 일기의 특징을 알아봅니다.

도움말 인상 깊은 일에 대해 알아봅니다.

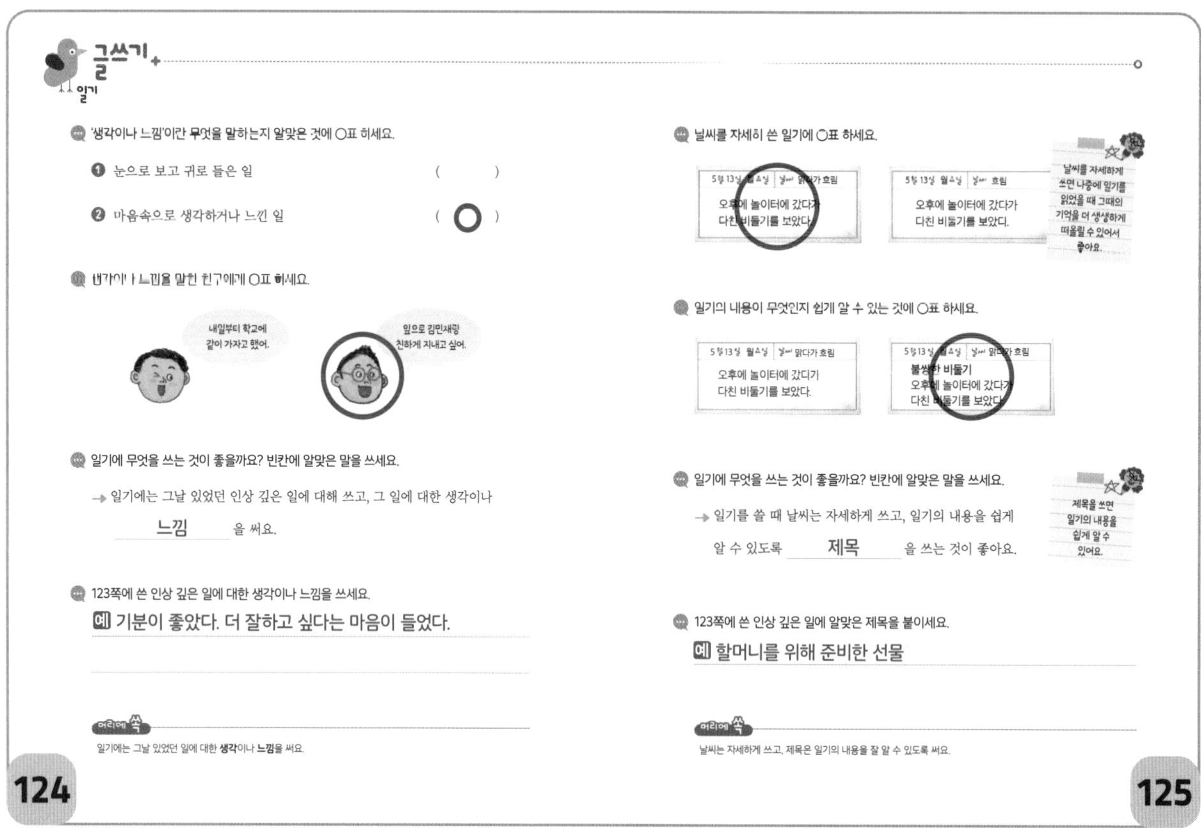

글쓰기 + 일기

'생각이나 느낌'이란 무엇을 말하는지 알맞은 것에 ○표 하세요.

❶ 눈으로 보고 귀로 들은 일 (　　)

❷ 마음속으로 생각하거나 느낀 일 (○)

생각이나 느낌을 말한 친구에게 ○표 하세요.

일기에 무엇을 쓰는 것이 좋을까요? 빈칸에 알맞은 말을 쓰세요.

→ 일기에는 그날 있었던 인상 깊은 일에 대해 쓰고, 그 일에 대한 생각이나 느낌 을 써요.

123쪽에 쓴 인상 깊은 일에 대한 생각이나 느낌을 쓰세요.

예 기분이 좋았다. 더 잘하고 싶다는 마음이 들었다.

머리에 쏙

일기에는 그날 있었던 일에 대한 **생각**이나 **느낌**을 써요.

날씨를 자세히 쓴 일기에 ○표 하세요.

5월 13일 월요일 날씨 맑다가 흐림	5월 13일 월요일 날씨 흐림
오후에 놀이터에 갔다가 다친 비둘기를 보았다. (○)	오후에 놀이터에 갔다가 다친 비둘기를 보았다.

날씨를 자세하게 쓰면 나중에 일기를 읽었을 때 그때의 기억을 더 생생하게 떠올릴 수 있어서 좋아요.

일기의 내용이 무엇인지 쉽게 알 수 있는 것에 ○표 하세요.

5월 13일 월요일 날씨 맑다가 흐림	5월 13일 월요일 날씨 맑다가 흐림
오후에 놀이터에 갔다가 다친 비둘기를 보았다.	불쌍한 비둘기 오후에 놀이터에 갔다가 다친 비둘기를 보았다. (○)

일기에 무엇을 쓰는 것이 좋을까요? 빈칸에 알맞은 말을 쓰세요.

→ 일기를 쓸 때 날씨는 자세하게 쓰고, 일기의 내용을 쉽게 알 수 있도록 제목 을 쓰는 것이 좋아요.

제목을 쓰면 일기의 내용을 쉽게 알 수 있어요.

123쪽에 쓴 인상 깊은 일에 알맞은 제목을 붙이세요.

예 할머니를 위해 준비한 선물

머리에 쏙

날씨는 자세하게 쓰고, 제목은 일기의 내용을 잘 알 수 있도록 써요.

124 125

도움말 일기에서 생각과 느낌을 어떻게 쓸지 알아봅니다.

도움말 일기의 형식과 쓰는 방법을 알아봅니다.

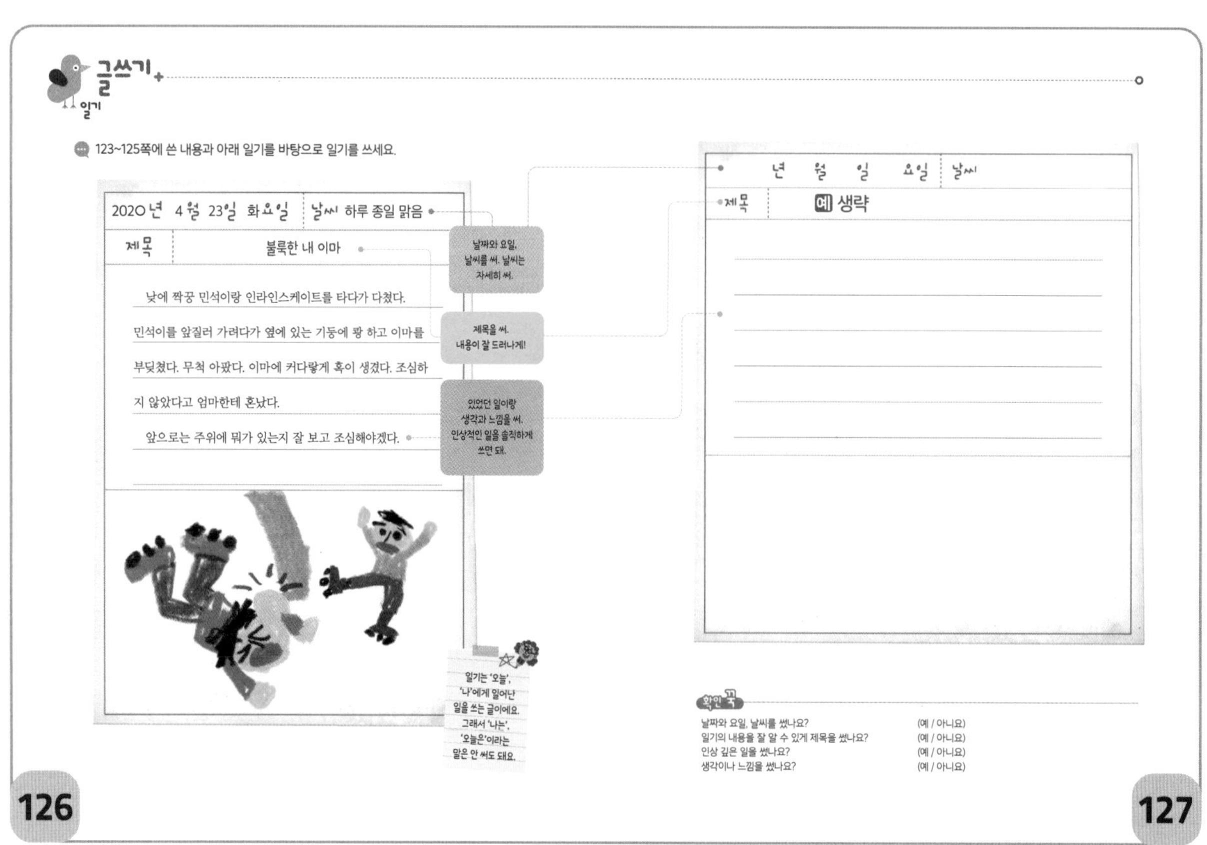

글쓰기 + 일기

123~125쪽에 쓴 내용과 아래 일기를 바탕으로 일기를 쓰세요.

2020년 4월 23일 화요일 날씨 하루 종일 맑음

제목 볼록한 내 이마

낮에 짝꿍 민석이랑 인라인스케이트를 타다가 다쳤다. 민석이를 앞질러 가려다가 옆에 있는 기둥에 쾅 하고 이마를 부딪쳤다. 무척 아팠다. 이마에 커다랗게 혹이 생겼다. 조심하지 않았다고 엄마한테 혼났다.

앞으로는 주위에 뭐가 있는지 잘 보고 조심해야겠다.

날짜와 요일, 날씨를 써. 날씨는 자세히 써.

제목을 써. 내용이 잘 드러나게!

있었던 일이랑 생각과 느낌을 써. 인상적인 일을 솔직하게 쓰면 돼.

일기는 '오늘', '나'에게 일어난 일을 쓰는 글이에요. 그래서 '나는', '오늘은'이라는 말은 안 써도 돼요.

년 월 일 요일 날씨

제목 예 생략

확인 꾹

날짜와 요일, 날씨를 썼나요?	(예 / 아니요)
일기의 내용을 잘 알 수 있게 제목을 썼나요?	(예 / 아니요)
인상 깊은 일을 썼나요?	(예 / 아니요)
생각이나 느낌을 썼나요?	(예 / 아니요)

126 127

도움말 형식에 맞춰 일기를 쓰고, '확인 꾹'에 쓰인 내용을 통해 자신이 쓴 글을 검토하게 하세요.

교과 주제로 시작하는

초등 메가 독서 논술

정답 및 예시 답안

메가스터디BOOKS

내용 문의 02-6984-6930 | 구입 문의 02-6984-6868, 9 | www.megastudybooks.com